完全攻略！
TOEFL ITP® テスト
リーディング

TOEFL ITP® is a registered trademark of ETS.
This publication is not endorsed or approved by ETS.

田中真紀子 解説

**ICU TOEFL® テスト
問題研究会** 問題作成

はじめに

　社会・経済のグローバル化が進む中で、国際社会に対応できる人材が求められている昨今、TOEFLは留学のみならず、英語力を測定する共通の指標として、幅広く使われるようになりました。まず、2003年に文科省が発表した「『英語が使える日本人』の育成のための行動計画」では、初めて、教員に求められる英語力としてTOEFL 550点という得点が掲げられました。その得点は2013年の「グローバル化に対応した英語教育改革実施計画」の中で、中・高等学校におけるすべての英語科教員に求められる英語力（TOEFL iBTで80点）として引き継がれています。

　TOEFLは、大学などにおいてクラス分けや、履修条件、また達成目標などにも使われています。TOEFLがこのように広く使われるようになった背景には、このテストが本質的にアカデミックな性質を持っていることによります。例えば、リーディングを例に挙げると、TOEFLで高得点を取るには、学問的な内容の英文を読んで、主旨やそのように述べる理由・根拠を素早く読み取る力が必要です。情報を正確に素早く読み取るには、その背後にある語彙力や文法力、そしてある程度の学問的な背景知識も必要です。学問的な知識や教養が必要とされる場においてTOEFLが英語力の指標として幅広く使われるようになっているのは、このテストがこのような技能を測定するのに信頼できると評価されているからです。このことはまた、TOEFLの勉強をすることで、このような力を身につけることができることを意味します。

　本書は2006年に刊行された『TOEFLテストITPリーディング完全攻略』を改訂したものです。本書は長い間、読者のみなさんに利用され続けています。これからもアカデミックで実践的な英語力を身につけるための教材として、本書を十分に活用して頂きたいと思います。

著者　田中 真紀子

目次

はじめに ………… 3
本書の学習の進め方 ………… 6
TOEFL ITP とは ………… 8
付属 CD の使い方 ………… 12

Chapter 1 まず実力・弱点をチェック
PRIMARY TEST を受けるにあたって ………… 14
PRIMARY TEST ………… 16
PRIMARY TEST 正答一覧 ………… 35
PRIMARY TEST スコア換算式 ………… 36
解答と解説 ………… 37
Primary Checkpoints ………… 54

Chapter 2 基礎編 Reading Comprehension 完全攻略
[1] TOEFL 対策の「基本」を知る ………… 56
[2] 読解問題はこう攻める ………… 62
[3] 出題形式を教えます ………… 72
[4] 語彙対策で得点アップ ………… 102

Chapter 3 実戦編 練習問題で実力アップ
Practice Tests の活用法 ………… 114
Practice Test 1 ………… 115
Practice Test 2 ………… 157

CONTENTS

Chapter 4　仕上げのテストで成果をチェック

FINAL TEST を受けるにあたって ………………… 200
FINAL TEST ……………………………………… 201
FINAL TEST 正答一覧 …………………………… 219
FINAL TEST スコア換算式 ……………………… 220
解答と解説 ………………………………………… 221
Final Checkpoints ………………………………… 239

Answer Sheet ………… 241

5

本書の学習の進め方

　本書は、TOEFL ITP の「リーディング・セクション」に特化した問題集である。リーディング・セクションに関しては、多くの人が似た悩みや問題を抱えているようだ。なかでもすべての人に共通している問題点は、以下のふたつにまとめられる。それは、

- 問題の解き方がわからない
- 語彙力がないために、速読・速解ができない

というものである。そこで本書では、この問題を克服すべく、演習問題を数多く解きながら解法テクニックを体得し、かつ語彙も習得できるように解説を施した。本書の構成は以下のようになっている。

1章）PRIMARY TEST（50問）
2章）Reading Comprehension　完全攻略
　　　「TOEFL 対策の基本」
　　　「読解問題の攻め方」
　　　「出題形式」
　　　「語彙対策」
3章）練習問題
　　　Practice Test 1（50問）
　　　Practice Test 2（50問）
4章）FINAL TEST（50問）

したがって、本書を全部こなすと、TOEFL の Section 3 については4回分（2章で取り上げた例題も含めると5回分）の問題を解いたことになる。なお、問題を解くときには、指示された時間配分（55分）を守ることが大切だ。

本書の使い方

さて、本書を効果的に利用していただくために、次の要領で学習を進めていただきたい。

1　まず、PRIMARY TEST を受け、現時点での自分の実力をチェックする。
- Primary Checkpoints をもとに自分が現在抱えている問題点を明らかにし、今後の勉強方針を立てる。

2　Chapter 2「Reading Comprehension 完全攻略」に書かれた解説を徹底的に勉強する。
- 以降の Practice Tests に備える。

3　Practice Tests に挑戦する。
- 解説を熟読し、各パッセージのなかの語彙を少しずつ覚えていく。

4　最後に FINAL TEST を受け、自分の実力を最終チェックする。

　解説に関しては、以下の点を配慮した。
　語彙の読みにくいものには、発音記号をつけた。アクセントの紛らわしいものに関しては、アクセントだけを記した。難しい語、重要な語には解説をつけ、特に用法の難しい語彙については、なるべく用例を出すようにした。
　TOEFL のような試験で高得点を取るためには、たくさんの問題を解いて慣れる必要があるが、ただ数をこなせばよいというものではなく、その後の勉強が大切である。出来があまりよくなかった場合には、どこに原因があるのかをつきとめ、そこを徹底的に学習する必要がある。語学は短期間で習得できるものではないが、要領よく勉強すれば、それなりの効果が得られるものである。最後まであきらめずに頑張ってほしい。

TOEFL ITPとは

　TOEFL（Test of English as a Foreign Language）テストは英語を母語としない人が海外の大学・大学院に入学を希望する際に課せられる英語能力判定試験で、アメリカの教育機関であるETS（Educational Testing Service）が実施している。TOEFL ITP（Institutional Testing Program）は、TOEFLテストの団体受験用試験で、主に大学・短期大学、高校でのクラス分けや大学院入試に利用されている。交換留学の選考で求められることも多いが、TOEFL ITPのスコアは試験実施団体内でのみ有効で公的には認められない。そのため、交換留学以外で留学を希望する場合は、本試験として実施されるTOEFL iBT（Internet-based Testing）を受験する必要がある。

TOEFL ITPの出題形式

　TOEFL ITPには、Level 1 TOEFLとLevel 2 Pre-TOEFLの2種類がある。Level 2 Pre-TOEFLはLevel 1の問題をやさしく構成しなおしたものである。本書はLevel 1に対応している。

	最低点	最高点	問題数	解答時間
Level 1 TOEFL	310点	677点	140問	約115分
Level 2 Pre-TOEFL	200点	500点	95問	約70分

　試験は、リスニング、文法、リーディングの3つのセクションから成る。もともとは海外の大学・大学院で学ぶのに必要な英語力の測定を目的としているだけに、アカデミックでハイレベルな問題内容となっている。試験の構成と流れは以下の通り。TOEFL iBTで実施されるライティング、スピーキングセクションはTOEFL ITPでは出題されない。

TOEFL ITPとは

試験全体の流れとテストの構成

試験全体の流れ		問題数	時間配分
準備時間			約20分
Section 1	**Section 1：リスニング・セクション** （Listening Comprehension）	50問	約35分
	Part A：短い会話を聞き、その内容に関する質問に答える	（30問）	
	Part B：長めの会話文（2つ）を聞き、その内容に関する質問に答える	（8問）	
	Part C：長めの話や講義の一部などを聞き、その内容に関する質問に答える。聞き取る英文は3つ	（12問）	
Section 2	**Section 2：文法セクション** （Structure and Written Expression）	40問	25分
	Structure： 英文の空所に適切な語句を補充する	（15問）	
	Written Expression： 英文中の間違いを指摘する	（25問）	
Section 3	**Section 3：リーディング・セクション** （Reading Comprehension）	50問	55分
	200語から300語程度の英文を読み、その内容及び本文中の語彙に関する質問に答える。出題される英文は5つ程度		
解答用紙とテスト用紙の回収及び確認			約20分
		計：140問	計：約155分

試験全体の流れとテストの構成

❶ TOEFL ITPはすべて4者択一の試験問題で、解答はマークシート方式。

❷ 試験時間は約2時間だが、氏名の記入や問題・解答用紙の回収などを含めると試験終了まで2時間半ほどかかるとみてよい。途中休憩はない。

❸ 解答はHBの鉛筆を使って、解答用紙の正解と思われる箇所を塗りつぶす。

❹ 全セクションの合計スコアは最高677、最低310で、各セクションごとに正解数を変換し、セクション別のスコアを算出。それらを合計して10を掛け、3で割った数で表される。ETSから送られてくるSCORE REPORTには変換後の各セクションの得点と全体のスコアが記載されている。
　たとえば下記の例では、スコアは46+54+50=150　(150×10)÷3=500と算出されたものである。

Section 1	Section 2	Section 3	Total
46	54	50	500

❺ 実際に、500、550、600を取るには、各セクションでそれぞれ何問くらい正解する必要があるか、従来のデータをもとにした目安は以下の通り。

スコア	Section 1	Section 2	Section 3
500	30	28	31
550	37	32	37
600	43	35	43

TOEFL ITPとは

❻ ちなみに625以上のスコアはネイティブスピーカー並みの英語力と判断されている。

❼ TOEFL ITPの問題は、ある言語圏や文化に偏りなく作成されており、特定分野の専門知識は必要とされない。しかし、内容的には高校2年生以上の知識が英語力とは別に必要である。

❽ TOEFL ITPは団体が実施する試験であるため、個人での受験申し込みはできない。学校や企業など所属団体に問い合わせ、そこから申し込む必要がある。

付属 CD の使い方

▶ CD について
付属 CD には、PRIMARY TEST、例題、Practice Tests、FINAL TEST のパッセージの音声が収録されています。

▶ 活用法について
まず問題を一通り解いて、その後 CD で英語の発音を確認し、英文の内容が読んでわかるだけでなく、リスニングとしても理解できるように何度も繰り返し聴いてください。また shadowing や、内容を繰り返し述べる retelling をすることで、スピーキングの練習にも活用してください。

▶ アイコンについて
本書では、音声を表すアイコンを以下のように表示しています。

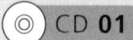

＜CD 取り扱いのご注意＞
● 弊社制作の音声 CD は、CD プレーヤーでの再生を保証する規格品です。
● パソコンでご使用になる場合、CD-ROM ドライブとの相性により、ディスクを再生できない場合がございます。ご了承ください。
● パソコンでタイトル・トラック情報を表示させたい場合は、iTunes をご利用ください。iTunes では、弊社が CD のタイトル・トラック情報を登録している Gracenote 社の CDDB（データベース）からインターネットを介してトラック情報を取得することができます。
● CD として正常に音声が再生できるディスクからパソコンや mp3 プレーヤー等への取り込み時にトラブルが生じた際は、まず、そのアプリケーション（ソフト）、プレーヤーの製作元へご相談ください。

▶ 無料特典のお知らせ
CD に収録の音声はスマートフォンやパソコンでも聞くことができます。
● スマートフォンの場合
①以下の URL、右の QR コードからアルクの英語学習アプリ「booco」をインストール。
https://booco.page.link/4zHd
②booco のホーム画面下の「さがす」をタップして商品コード「7016011」で本書を検索し、音声ファイルをダウンロード。

● パソコンの場合
以下の URL にアクセスし、商品コード「7016011」で本書を検索して音声ファイルをダウンロード。
アルク ダウンロードセンター　https://portal-dlc.alc.co.jp/

※上記サービスの内容は、予告なく変更する場合があります。あらかじめご了承ください。

Chapter 1

まず実力・弱点をチェック

PRIMARY TEST

自分の今の力を知ることが、テスト攻略の第一歩。現状把握のための50問に解答しよう。

- **PRIMARY TEST を受けるにあたって** …… p.14
- **PRIMARY TEST** …… p.16
- **PRIMARY TEST 正答一覧** …… p.35
- **PRIMARY TEST スコア換算式** …… p.36
- **解答と解説** …… p.37
- **Primary Checkpoints** …… p.54

PRIMARY TESTを受けるにあたって

　PRIMARY TESTを受ける前に、まずSection 3: Reading Comprehensionではどのような試験問題が出されるのか、その出題形式を見てみることにしよう。以下は、実際のテストの冒頭で読む問題解説（Directions）の一例である。

＊　＊　＊

Directions: In this section you will read several passages. Each one is followed by a number of questions about it. For questions 1-50, you are to choose the one best answer, (A), (B), (C), or (D), to each question. Then, on your answer sheet, find the number of the question and fill in the space that corresponds to the letter of the answer you have chosen.

Answer all questions about the information in a passage on the basis of what is stated or implied in that passage.

Read the following passage:

　　　Qualitative analysis employs characteristic chemical reactions or tests such as the appearance of a precipitate or color change upon the addition of a test chemical or reagent. In addition to these, qualitative analysis employs gravimetric
Line　methods which involve weighing, volumetric methods which require measuring
　5　the volume of standardized solutions, colorimetric methods based upon the intensity of characteristic colors which are developed, and electrolytic methods, involving the decomposition of substances by an electric current.

Example 1:　　　　　　　　　　　　　　　　　　　　　　　　Sample Answer

　　In qualitative analysis,
　　(A) the presence of a constituent is determined
　　(B) the replacement of a test chemical is involved
　　(C) colorimetric methods progressively remove the color from substances
　　(D) electricity is used to combine substances

The passage says that qualitative analysis employs characteristic chemical reactions or tests such as the appearance of a precipitate. Therefore, you should choose (A).

Example 2:

Sample Answer
Ⓐ Ⓑ Ⓒ ●

The word "require" in line 4 is closest in meaning to
(A) help
(B) regain
(C) inquire
(D) involve

The word "require," as used in line 4 "volumetric methods which require measuring the volume of standardized solutions" is closest in meaning to "involve." Therefore, you should choose (D).

Now begin work on the questions.

　　　　　　　　　　　＊　　＊　　＊

　Section 3: Reading Comprehensionでは、200語から300語程度のパッセージが5つほど与えられる。ひとつのパッセージにつき、8～12題が出題され、問題数は全部合わせて50問である。上記の指示(Directions)からもわかるとおり、与えられた4つの選択肢(A)、(B)、(C)、(D)の中から解答をひとつ選び、マークシートの該当する部分を黒く塗りつぶすという形式である。

　ここで挙げたサンプルは「定性分析(qualitative analysis)の方法論」について書かれたものである。パッセージによると定性分析では化学薬品や試剤などを加えると沈殿物が出るか、色の変化を起こすか、また、比重、濃度、色彩の明暗度はどうか、物質は変質するかなど、化学反応を調べることとある。このことから定性分析とは、物質の成分を調べることであることがわかり、したがってExample 1の正解は (A) となる。一方、Example 2は、文中の単語"require"と同義の語を選択肢から選ぶ問題である。ここではinvolve(～を必ず含む)と同じ意味で使われており、正解は(D)となる。

　　　　　　　　　　　　　　＊

　問題の形式を把握したら、さっそくPRIMARY TESTを受けてみよう。制限時間は55分である。時間を正確に守り、55分たったらやめること。解答用紙には巻末のマークシートを利用してほしい。なお、テスト終了後に読解問題に関して自分の問題点をチェックするための欄を設けてある(p.54 Primary Checkpoints)。

　PRIMARY TESTは現在の実力の判断テストである。今後の学習のためにも、本番のテスト同様に一生懸命取り組んでほしい。

PRIMARY TEST
READING COMPREHENSION

Time: 55 minutes (including the reading of the directions)

Directions: In this section you will read several passages. Each one is followed by a number of questions about it. For questions 1-50, you are to choose the <u>one</u> best answer, (A), (B), (C), or (D), to each question. Then, on your answer sheet, find the number of the question and fill in the space that corresponds to the letter of the answer you have chosen.

Answer all questions about the information in a passage on the basis of what is <u>stated</u> or <u>implied</u> in that passage.

Read the following passage:

> While only a few groups of birds sing, nearly all have the same vocal system by which they communicate. Alarm calls, for example, are used to signal the approach of a predator. In order not to reveal their position, many
> *Line* small birds give a shrill whistling warning call that is like a ventriloquist's voice,
> 5 and which is hard for the predator, such as an owl or a fox, to locate.

Example 1:   Sample Answer

According to the passage, many birds use a "shrill whistling warning call" in order to
(A) locate predators
(B) signal the approach of foxes and owls and the like
(C) frighten predators away
(D) reveal their position

According to the passage, in order to signal the approach of a predator such as an owl or a fox, many small birds give a shrill whistling warning call. Therefore, you should choose (B).

Example 2:

Sample Answer
●

    The word "shrill" in line 4 is closest in meaning to
    (A) high-pitched
    (B) loud
    (C) alarming
    (D) frightful

The word "shrill," as it is used in line 4 "a shrill whistling warning call," has the meaning of "high-pitched" or "piercing." Therefore, you should choose (A).

Now begin work on the questions.

Q 1-10

Venus is a twin of Earth in size, density, and probably composition, but its secrets are hidden behind a dense atmosphere made up principally of carbon dioxide. Since 1975 more than 20 unmanned probes have traveled to the planet
Line and tried to pierce its cloudy covering with a variety of detectors. The newest of
5 these probes, the Magellan probe, has provided an astonishingly detailed picture. The earlier Pioneer probe used radar reflections to survey the planet's surface and draw rough pictures of its topography. But the Pioneer's radar system was blind to any feature on the Venusian surface less than 12 miles long. The Magellan has the ability to reveal features as small as 400 feet across. The Magellan was launched in
10 May 1989, reached Venus 15 months later, and since then has been sending back incredible pictures. During the early 1990s, free from the computer problems that interrupted its early transmissions, the probe finished mapping more than 90 percent of the planet's surface.

Q 1

What does this passage mainly discuss?
(A) The success of the Magellan probe
(B) A comparison of the Pioneer and Magellan probes
(C) The composition of the atmosphere of Venus
(D) The technology of the Magellan probe

Q 2

The word "its" in line 1 refers to
(A) Earth
(B) atmosphere
(C) Venus
(D) composition

Q 3

The word "principally" in line 2 is closest in meaning to
(A) strangely
(B) partially
(C) possibly
(D) mainly

Q 4

The word "pierce" in line 4 is closest in meaning to
(A) explore
(B) penetrate
(C) analyze
(D) unveil

Q 5

Why were the Pioneer's pictures of Venus inferior to those of the Magellan?
(A) The atmosphere on Venus has become less dense.
(B) The Pioneer's radar system was blind.
(C) Pioneer's pictures show less detail than those of Magellan.
(D) Most of the Pioneer's radar was reflected.

Q 6

Which of the following statements can be inferred from this passage?
(A) Less is known about Venus than other planets.
(B) Venus is physically somewhat similar to Earth.
(C) Humans will probably someday be able to live on Venus.
(D) Most of Venus' surface has yet to be mapped.

Q 7

The word "survey" in line 6 is closest in meaning to
(A) contact
(B) examine
(C) isolate
(D) locate

Q 8

It can be inferred from this passage that the Magellan
- (A) at first had trouble mapping the Venusian surface
- (B) will soon finish mapping the planet's surface
- (C) is more costly than the Pioneer
- (D) travels more slowly than the Pioneer

Q 9

According to the passage, when did Magellan start sending back pictures of Venus?
- (A) May 1989
- (B) May 1990
- (C) August 1990
- (D) August 1991

Q 10

How long after the first unmanned probe was launched in 1975 did it take for people to receive pictures featuring a few hundred feet across?
- (A) 15 months
- (B) 14 years
- (C) 15 years
- (D) 20 years

Q 11-22

During the 1970s there was a great deal of optimism regarding the possibility of tapping Hawaii's huge geothermal potential as an alternative energy source. However, the future of geothermal power as a viable source of power in the Hawaiian islands was thrown into doubt in 1982 when an accident led to an uncontrolled release of steam at a drilling site on the Big Island near the island's active volcano. This event prompted opponents of geothermal power to claim that the blowout typified the hazards of drilling to both residents and the environment. But the drilling company insisted to the contrary that the mishap simply indicated that the potential of the geothermal resource was much greater than first thought, and that it was much easier to reach than initially expected. The company insisted that the event was not a blowout, but a "kick." A blowout occurs when the steam cannot be capped, and in this case it was shut off in short order. Regardless, the company was severely criticized for not responding to signs that the temperature was rising quickly in the area being drilled. Moreover, residents were exposed to the pungent smell of hydrogen sulfide. It was indeed fortunate that the hydrogen sulfide gas, which can be fatal in high concentrations, did not cause any illness. Still, six households had to be evacuated from the area, and two workmen sustained minor injuries. A report was released in the incident's aftermath stipulating what went wrong, the health risks posed by the escape of hydrogen sulfide, and the slow emergency response. As expected, it resulted in much tighter controls being imposed on the drilling of wells throughout the islands, something which has acted to greatly temper the initial enthusiasm of the early proponents of geothermal energy in Hawaii.

Q 11

What does this passage mainly deal with?
(A) The uncertain future of geothermal power in Hawaii
(B) The inherent dangers of geothermal power
(C) The potential of geothermal power as an energy source
(D) The environmental hazards of geothermal power in Hawaii

Q12

The word "tapping" in line 2 is closest in meaning to

(A) striking
(B) utilizing
(C) ascertaining
(D) locating

Q13

How did the drilling company respond to the criticism that geothermal energy was fundamentally unsafe?

(A) They claimed that its potential was even more than originally anticipated.
(B) They suggested that the geothermal resource was deeper than expected.
(C) They acknowledged there was great danger of hydrogen sulfide escaping.
(D) They admitted that escaping steam cannot be capped.

Q14

The word "mishap" in line 8 can best be replaced with

(A) affair
(B) misunderstanding
(C) accident
(D) drilling

Q15

According to the passage, what does "blowout" mean?

(A) A potential source of geothermal power
(B) An uncontrolled release of steam from a drill site
(C) A slow response to a drilling emergency
(D) A very quick rise in temperature in the drill area

Q 16

What can we infer about the level of hydrogen sulfide gas that residents were exposed to?
(A) It was extremely high.
(B) It reached a level of 100 decibels.
(C) It was relatively low.
(D) It rose quickly.

Q 17

The word "Regardless" in line 12 is closest in meaning to which of the following?
(A) Because of this
(B) Nonetheless
(C) With respect to this
(D) Furthermore

Q 18

The word "it" in line 20 refers most directly to
(A) report
(B) aftermath
(C) hydrogen sulfide
(D) emergency response

Q 19

Which of the following is NOT an example of the aftermath of the drilling accident?
(A) The sustaining of injuries
(B) The removal of residents from their homes
(C) The presence of a foul odor
(D) Two fatalities among the local workforce

Q 20

The word "temper" in line 22 is closest in meaning to

(A) anger
(B) restrict
(C) heat
(D) moderate

Q 21

Why did the drilling company initially come under fire?

(A) For the high noise level at the drilling site
(B) For the high levels of hydrogen sulfide gas
(C) For not responding quickly enough to an emergency
(D) For the injuries sustained by the workmen

Q 22

The paragraph following this passage will most likely

(A) deal with the effects of hydrogen sulfide gas
(B) list examples of increasingly stringent regulations
(C) suggest ways of improving emergency response time
(D) argue that Hawaii should loosen its controls on drilling

Q 23-30

Jupiter, the fifth in distance from the sun, is the largest of the planets in our solar system, with a diameter of 88,700 miles. It is twice as massive as the other seven planets put together. Its mass is 320 times that of Earth alone. Yet, with a volume some 1,300 times greater than that of Earth, its mean density is only a quarter of Earth's. Jupiter is regarded by astronomers as a kind of space fossil, for its enormous mass and powerful gravity have retained even the lightest of the gases from which all the planets were originally created. Jupiter is thought to resemble Earth before it solidified.

Because of its great distance from the sun — at 483,600,000 miles it is five times as far as Earth is from the sun — Jupiter takes 11.86 Earth-years to make an orbit and complete its year. But it rotates rapidly, taking less than 10 hours to conclude one rotation. The speed of rotation, 28,000 miles an hour, has caused Jupiter to become flattened at the poles.

Usually, Jupiter is visible as the second brightest planet (after Venus); however, upon occasion Mars comes close enough to appear slightly more luminous. Under favorable conditions, Jupiter is even bright enough to cast a shadow. It is believed that Jupiter has a central rocky core surrounded by layers of liquid hydrogen, which are in turn overlaid by a deep, gaseous atmosphere. Only the multicolored cloud tops can be seen from Earth, presenting those viewing with telescopes the opportunity to witness Jupiter's telltale bands and its famous red spot.

Q 23

Why is Jupiter known as a space fossil?
(A) It is older than any of the other planets.
(B) Its enormous mass holds evidence of past life forms.
(C) It has been observed by scientists on Earth for hundreds of years.
(D) The composition of Jupiter has not changed since it was formed.

Q 24

The word "enormous" in line 6 is closest in meaning to
(A) atrocious
(B) intense
(C) immense
(D) compacted

Q 25

The word "retained" in line 6 is closest in meaning to
(A) confined
(B) held
(C) assimilated
(D) produced

Q 26

The surface of Jupiter is believed to be primarily composed of
(A) liquid hydrogen
(B) rock
(C) various gases
(D) clouds

Q 27

What is one consequence of the extreme velocity at which Jupiter spins on its axis?
(A) Its orbit takes less than 12 years.
(B) The planet has assumed an oblong shape.
(C) Dense clouds cloak the planet's surface.
(D) The red spot is hidden for 10 hours at a time.

Q 28

The word "rotates" in line 11 is closest in meaning to
(A) stirs
(B) evolves
(C) stabilizes
(D) twirls

Q 29

According to the passage, the planet Mars
(A) is the closest planet to Earth
(B) is the easiest planet to see from Earth
(C) sometimes appears brighter than Jupiter
(D) often is obscured by Jupiter's shadow

Q 30

According to the passage, which of the following is NOT true of Jupiter?
(A) Its surface features can only be seen with powerful telescopes.
(B) All of the other planets in the solar system could fit inside it.
(C) It is the fifth planet from the sun.
(D) It is significantly less dense than Earth.

Q 31-39

In the ideal world of dynamics, devoid of frictions and collisions, machines have an efficiency of one — which is to say that the dynamic system that comprises the machine merely transmits the whole of the motion it receives and does not lose
Line or use energy in the process. A machine receiving a certain quantity of potential
5 energy (for example, from a compressed spring, a raised weight, or compressed air) can produce a motion corresponding to an "equal" quantity of kinetic energy; in this case, exactly the quantity that would be needed to restore the potential energy the machine has used in producing the motion. Perhaps the simplest example of this phenomenon is one in which the only force considered is gravity (such as
10 applies to simple machines, pulleys, levers, capstans, etc.). In this instance, it is easy to establish an overall relationship of equivalence between cause and effect. The real world of physical machines is much different, of course. Nonetheless, the conceiving of a realm in which there is no friction is necessary to set forth the practical basis upon which the actual efficiency of machines — simple and complex
15 — can be measured.

Q 31

The introductory phrase "In the ideal world ..." tells the reader that this passage will

(A) be about theoretical situations
(B) describe physical phenomena
(C) deal with conventional understanding
(D) describe consistent conditions

Q 32

It can be inferred from the passage that a machine with an efficiency of one is possible

(A) if friction and collisions exist
(B) but not desirable
(C) in all situations
(D) only in an ideal situation

Q 33

The phrase "devoid of" in line 1 is closest in meaning to
(A) complete with
(B) marked by
(C) complicated by
(D) free of

Q 34

The word "transmits" in line 3 is closest in meaning to
(A) transfers
(B) depletes
(C) contains
(D) refines

Q 35

What would most likely be the topic of the passage which follows this one?
(A) An explanation of how friction affects machine efficiency
(B) An analysis of levers and capstans
(C) A description of machines in the real world
(D) A description of quantities of potential energy in compressed springs

Q 36

The word "it" in line 3 refers to
(A) the whole of the motion
(B) the dynamic system
(C) the ideal world
(D) an efficiency of one

Q 37

According to the passage, which of the following is true?
(A) Gravity is the only force which is applied to pulleys and simple machines.
(B) Gravity alone provides inequality between potential and kinetic energy.
(C) The force of gravity applied to pulleys and levers is equal to kinetic energy.
(D) The consideration of gravity alone in pulleys and levers is a simple case of equivalence between potential and kinetic energy.

Q 38

According to the passage, what force can be used to most simply demonstrate maximum machine efficiency?

(A) Air friction
(B) Gravity
(C) Mechanical resistance
(D) Collision

Q 39

The word "establish" in line 11 is closest in meaning to

(A) contradict
(B) demonstrate
(C) analyze
(D) mistake

Q 40-50

Much of the electricity that supplies the enormous demand throughout the world originates in fuel-consuming power stations. These vast buildings are comprised of generators and special machines to power them, transformers, and switching systems. They convert the chemical energy of coal, oil, or nuclear matter into thermal energy and then into electricity on a large scale.

The generation of electrical power is often an inefficient process, although it compares well with other forms of energy use. In power stations burning fossil fuels (coal or oil) nearly two-thirds of the thermal energy released is lost as heat to the atmosphere or surrounding area, and only a little more than a third is actually used to produce electricity. There are additional losses as the current is transmitted over the distribution network. When consumers draw on this electrical power they probably turn it back into heat, either intentionally or unintentionally during some other process. Despite its disadvantages, electricity is still the best power source available for the thousands of different uses in homes and factories. At the point of consumption it is clean, convenient, and safer than almost any other form of energy.

There are some exceptions to the inefficient consumption of fuel in the generation of electricity. These include hydroelectric power, solar energy, and wind power. The capital costs of manufacturing cells that convert sunlight into electricity are very high. But the rapid depletion of fossil fuel resources and the increasing pollution from thermal power stations are factors that may in time become more important than purely economic considerations.

Q 40

Which statement best describes the functions of a power station?
(A) It converts thermal energy into electrical energy.
(B) It converts coal into electrical energy.
(C) It converts nuclear energy into electrical energy.
(D) It converts chemical or nuclear energy into electrical energy.

Q 41

Which of the following is NOT mentioned as one of the common fuels of large power stations?

(A) Natural gas
(B) Oil
(C) Nuclear matter
(D) Coal

Q 42

The word "They" in line 4 refers to

(A) Generators
(B) Special machines
(C) Vast buildings
(D) Switching systems

Q 43

The word "convert" in line 4 is closest in meaning to

(A) reduce
(B) change
(C) amplify
(D) collect

Q 44

According to the passage, why is electricity the best source of power?

(A) It is inefficient to generate.
(B) It is easy to turn electric power back into heat.
(C) It has thousands of different uses.
(D) It is comparatively clean, safe, and convenient.

Q 45

The word "consumers" in line 11 is closest in meaning to

(A) users
(B) producers
(C) distributors
(D) regulators

Q 46

The word "capital" in line 19 is closest in meaning to
(A) monetary
(B) physical
(C) major
(D) design

Q 47

What makes the generation of electric power using fossil fuels inefficient?
(A) When converting natural gas to electricity too much energy is lost as heat.
(B) Much energy is lost when transmitting the current from the power station to the consumer.
(C) In the process, more than half of the thermal energy is lost as heat.
(D) Not much fossil fuel is needed to produce a lot of electric power.

Q 48

According to the passage, which of the following causes a loss of energy as a result of the consumer use?
(A) Poor wiring in consumer's homes
(B) The changing of some energy into heat
(C) Poorly designed appliances
(D) Excessive consumption

Q 49

Why isn't using solar energy for electricity more common?
(A) It causes pollution.
(B) Fossil fuel sources are becoming depleted.
(C) The technology for manufacturing cells has not been perfected.
(D) The process of converting sunlight into electricity is expensive.

Q 50

Which of the following statements can be inferred from this passage?
(A) The growing demand for energy will likely exceed our ability to produce it.
(B) Solar energy is rapidly becoming a substitute for traditional means of producing electricity.
(C) Electricity will continue to be required regardless of how it is produced.
(D) The various disadvantages of electricity will inevitably force us to find new and better sources of energy.

This is the end of the PRIMARY TEST.
If you finish in less than 55 minutes, check your work on the test.

PRIMARY TEST　正答一覧

1	A	11	A	21	C	31	A	41	A
2	C	12	B	22	B	32	D	42	C
3	D	13	A	23	D	33	D	43	B
4	B	14	C	24	C	34	A	44	D
5	C	15	B	25	B	35	C	45	A
6	B	16	C	26	A	36	B	46	A
7	B	17	B	27	B	37	D	47	C
8	A	18	A	28	D	38	B	48	B
9	C	19	D	29	C	39	B	49	D
10	C	20	D	30	A	40	D	50	C

PRIMARY TEST　スコア換算式

● PRIMARY TEST スコア換算表

　PRIMARY TEST 50問中の正答数をもとに、実際のTOEFLではどれくらいのスコアになるのかを計算してみよう。換算表は、TOEFL受験経験者の方々にPRIMARY TESTを受けていただき、その結果と実際のTOEFLのスコアとを比較したうえで作成したものである。以下の計算方法にしたがってスコアを算出してみよう。本番でどの程度の成績がとれるのか、現在の実力を知るうえで目安になるはずである。

●計算方法

(1) まずPRIMARY TESTの正答数を合計する。
(2) 下の換算表を見て、正答数から換算値(最小値と最大値)を出す。
(3) 最小値および最大値にそれぞれ10を掛ける。これによって得られたふたつの数字の間に、あなたの予想スコアが入ることになる。

　【計算例】
　正答数40の場合
　・最小値 54 × 10 = 540
　・最大値 56 × 10 = 560
　・予想スコアは［540～560］の間ということになる。

(4) 上記の計算方法によって得られた数字は、あくまでもリーディング・セクションの実力をもとに割り出した予想スコアである。他のセクションの出来いかんでTOEFLの最終スコアが上下することはいうまでもない。

●スコア換算表

正答数	換算値
48～50	63～67
45～47	60～62
42～44	57～59
39～41	54～56
36～38	53～54
33～35	50～52
30～32	49～50
27～29	46～48
24～26	43～45
21～23	40～42
18～20	37～39
15～17	34～36
12～14	31～33
9～11	31
0～8	31

●あなたの予想スコア

正答数	予想スコア
	～

解答と解説

Q1-10

対訳　◎ CD 01

　金星は、大きさ、密度、そしておそらく構成物に関しても、地球とよく似ていますが、その秘密は、主として二酸化炭素からできている、濃厚な大気の向こうに隠されています。1975年以来、20以上の無人探査機が金星へ到達し、さまざまな調査機器を使って、表面をおおい隠している厚い雲を突き破ろうと試みました。これらのうち最も新しい探査機であるマゼランは、驚くほど細部にわたった映像を見せてくれたのです。初期の金星探査機、パイオニアは、レーダー波の反射を利用して、惑星の表面を調査し、地形の大まかな様子を描き出しました。しかし、パイオニアのレーダー・システムは、金星の表面の長さ12マイル（約19キロメートル）以下の地形の特徴は、とらえることができなかったのです。マゼランは、長さわずか400フィート（約120メートル）のものの特徴までも見せてくれます。マゼランは1989年の5月に打ち上げられ、15カ月後に金星に到着し、それ以来驚くべき映像を送り続けているのです。初期に通信を妨げたコンピューターのトラブルもなく、1990年代の初頭には、この探査機は金星表面の90パーセント以上の地図を作成し終えました。

Q1　正解 (**A**)

このパッセージは主に何について書かれたものか。
(A) マゼラン探査機の成功　　　(B) パイオニアとマゼラン探査機の比較
(C) 金星の大気の構成物　　　　(D) マゼラン探査機の科学技術

解説　このパッセージの主旨は、「マゼランは（これまでよくわかっていなかった）金星の地形の細かい特徴を映し出し、その映像を地球に送り続け、1990年代初期には金星表面の90％以上の地図を作成し終えた」ということである。これを一言で表したものとして最も適切なのは、(A)である。

Q2　正解 (**C**)

1行めのitsは何を指しているか。
(A) 地球　　　(B) 大気　　　(C) 金星　　　(D) 構成物

解説　「金星は地球とよく似ている(twin)が、その秘密は…」というのだから意味的に考えて、(C)が正解。

Q3 正解 (D)

2行めのprincipallyと最も意味が近いのはどれか。
(A) 奇妙に　　　(B) 部分的に　　　(C) もしかすると　　(D) 主に

解説　金星を包んでいるa dense atmosphere（濃厚な大気）はmade up principally of carbon dioxide（二酸化炭素）とあるが、文の流れから考えたら、選択肢の中では(D)しか正解になり得ないだろう。

Q4 正解 (B)

4行めのpierceと最も意味が近いのはどれか。
(A) 探索する　　　　　　　　　(B) 突き抜ける
(C) 分析する　　　　　　　　　(D) ベールを取る

解説　文中のcloudy covering（2文め）がa dense atmosphere（1文め）を指していることと、その濃厚な大気のせいでこれまでの探査機は地形の細かいところまで読み取れなかったことがわかれば、pierceの意味はその分厚い大気を「突き抜ける」という意味であることが推測できよう。

Q5 正解 (C)

パイオニアの金星の映像は、どうしてマゼランのものに劣るのか。
(A) 金星の大気が薄くなった。
(B) パイオニアのレーダー・システムには視覚機能がなかった。
(C) パイオニアの映像はマゼランのほど詳細に映し出せない。
(D) パイオニアのレーダーの大部分は反射された。

解説　5文めあたりから、「パイオニアのレーダー・システムは長さ12マイル以下の地形の特徴はとらえられないのに対し、マゼランのほうは長さわずか400フィートのものまでとらえることができる」とある。よって、(C)が正解。

Q6 正解 (B)

パッセージから類推できることは以下のどれか。
(A) 金星については他の惑星より知られていることが少ない。
(B) 金星は物理的にいくぶん地球に似ている。
(C) 人類はおそらくいつか金星で暮らすことができるだろう。
(D) 金星の表面の大部分はまだ地図が作られていない。

解説　(A)(C)(D)に関してはそれらを正解とする証拠が文中にない。(B)は、1

文めに「金星は、大きさ、密度、構成物が地球とよく似ている」とあることから、正解になり得る。

Q7　正解（B）

6行めのsurveyと最も意味が近いのはどれか。
(A) 接触する　　(B) 調査する　　(C) 孤立させる　　(D) 置く

解説　マゼランを含めてこれまで打ち上げられた探査機は、金星を「探査」し、地形を探るためのものである。ここから(B)が正解とわかる。

Q8　正解（A）

このパッセージから、マゼランについてどんなことが類推できるか。
(A) 最初、金星の表面をとらえるのに問題があった
(B) 金星の表面の地図をすぐに作成し終える
(C) パイオニアよりお金がかかる
(D) パイオニアよりもゆっくり動く

解説　まず(B)についてはパッセージからはわからない。また、金額やスピードに関しては触れていないので、(C)、(D)も該当しない。一方、(A)については、本文の最後の文から、当初、コンピューター関係でトラブルがあったことがわかる。

Q9　正解（C）

パッセージによると、マゼランが金星の映像を送りはじめたのはいつか。
(A) 1989年5月　　(B) 1990年5月　　(C) 1990年8月　　(D) 1991年8月

解説　マゼランが打ち上げられたのは1989年5月。その15カ月後にマゼランは映像を送りはじめたので、1989年5月に15カ月を足して1990年8月となる。

Q10　正解（C）

1975年に初めて無人探査機が打ち上げられてから、人々が長さ数百フィートのものを見せる映像を受け取るまでに要した年月はどれくらいか。
(A) 15カ月　　(B) 14年　　(C) 15年　　(D) 20年

解説　初めて無人の探査機が金星に打ち上げられたのは1975年である。非常に精密な地形の映像を送ってきたマゼランが打ち上げられたのは1989年5月であるが、マゼランが地球に映像を送りはじめたのは1989年5月の15カ月後で、1990年の8月である。そこで1990年から1975年を引くと15年で、正解は(C)。

Q11-22

対訳

　1970年代には、ハワイに潜在する膨大な地熱エネルギーを代替エネルギー源とする可能性に関して、かなり楽観的に考えられていた。しかし、ハワイ諸島における開発可能な電力源としての地熱発電の未来は、1982年に疑問視されるようになった。その年、ある事故が起こり、ビッグ・アイランドの活火山近くの掘削現場で、蒸気が吹き出し手に負えない状態に陥ったのだ。この事故に対し地熱発電反対派は、この蒸気の噴出から掘削が住民にも環境にも危険であることは明らかであるとの主張を強めた。しかし掘削会社は反対に、事故は地熱資源の潜在エネルギーが最初に考えたよりもはるかに膨大であることを示しただけのことで、目標達成は当初の予想よりずっと容易であると主張した。同社は、この出来事は蒸気の噴出ではなく、「反動」であると主張した。噴出とは蒸気にふたをすることができないときに起こるのであって、今回の場合は、すぐにそれができたというのだ。しかしながら、同社は掘削地域における気温の急激な上昇という兆候を無視したとして厳しい批判を浴びた。そのうえ、住民は硫化水素の刺激臭にさらされていた。高濃度では致命的にもなり得る硫化水素ガスが何ら疾病を引き起こさなかったのは、まさに運がよかったとしかいいようがない。それでも、6世帯が同地域からの避難を余儀なくされ、作業員ふたりが軽傷を負った。この事故の後、問題箇所、硫化水素漏れによる健康上の危険、及び非常時の対応の遅れを明記した報告書が公表された。予想どおり、ハワイ諸島じゅうの坑井の掘削に、これまでよりはるかに厳しい規制が課せられる結果となった。これにより、ハワイの地熱発電を早くから支持してきた人々は、当初の気勢を大きくそがれてしまった。

Q11　正解 (A)

このパッセージは主に何について書かれたものか。
(A) ハワイにおける地熱力の不確定な将来
(B) 地熱力の本質的な危険性
(C) エネルギー源としての地熱力の可能性
(D) ハワイにおける地熱力の環境的な危険性

解説　パッセージの1、2文めには、ハワイでエネルギー源として地熱力を開発することが1970年代には大変楽観的に思われていたが、1982年にある事故が起きてからその可能性が揺らいだ、と書かれている。それ以降は、地熱力をエネルギー源として使うことに反対する者と掘削会社側との主張が述べられている。したがって、(A)が正解。

Q12 正解 (B)

2行めのtappingと最も意味が近いのはどれか。
(A) 打つこと　　　(B) 利用すること　　(C) 確認すること　　(D) 置くこと

解説 tappingという語は、... tapping Hawaii's huge geothermal potential as an alternative energy sourceというところに出てくる。代わりのエネルギー源としてハワイの大きな地熱力の可能性をtapするというのはどういうことか。tapは「開発する、利用する」という意味で、ここでは、(B) utilizingと意味が近い。

Q13 正解 (A)

掘削会社は、地熱力は基本的に危険だという批判に対してどのように応答したか。
(A) 彼らは、その可能性は最初に予期したよりはるかに大きいと主張した。
(B) 彼らは、地熱の資源は思ったより深いと示唆した。
(C) 彼らは、硫化水素が漏れる危険性が高いことを認めた。
(D) 彼らは、漏れる蒸気にふたをすることはできないと認めた。

解説 4文め (But the drilling company ...) にあるように、掘削会社は、the mishap simply indicated that the potential of the geothermal resource was much greater than first thought, ... と応答した。したがって、(A)が正解。

Q14 正解 (C)

8行めのmishapはどの語と置き換えることができるか。
(A) 出来事　　　(B) 誤解　　　(C) 事故　　　(D) 掘削

解説 the mishapは、この語が使われている前の文（3文め）のThis eventを言い換えたものである。さらにこのThis eventはその前の文（2文め）のan accidentを指していることが文の流れからわかる。正解は(C) accident。

Q15 正解 (B)

パッセージによると、blowoutは何を意味するか。
(A) 地熱力の潜在的な源
(B) 掘削現場からの統制のきかない蒸気の放出
(C) 掘削における非常時への遅い対応
(D) 掘削地域におけるかなり急速な気温の上昇

解説 この語が使われている前の文（2文め）に、... in 1982 when an accident led to an uncontrolled release of steam at a drilling site on the Big Island near the island's active volcanoとある。そしてこのblowoutは住人と環

境の両方に危険だと反対者がいっている、と続く。したがって、(B)が正解。この release（放出）に関して、地熱力に否定的な立場の人は、これをblowout「噴出」とい い、掘削会社はkick（掘削時の）「反動」だといっている。

Q16　正解　(C)

住人がさらされた硫化水素ガスの程度に関して、どのようなことが類推できるか。
(A) それはきわめて高かった。　　　　(B) それは100デシベルの水準に達した。
(C) それは比較的低かった。　　　　　(D) それは急速に上昇した。

解説　最後から4文めに、It was indeed fortunate that the hydrogen sulfide gas, which can be fatal in high concentrations, did not cause any illness.とあることから、(C)と類推できる。decibel「デシベル（電力・音などの大きさを測る単位）」。

Q17　正解　(B)

12行めのRegardlessと最も意味が近いのはどれか。
(A) このせいで　　(B) それでもなお　　(C) これに関して　　(D) さらに

解説　会社側はこの事故（release：放出）はblowout（噴出）ではなくて、kick（反動）だと主張した。Regardless会社はひどく非難された、と続くのだから、文の流れから、(B) Nonethelessが正解とわかる。

Q18　正解　(A)

20行めのitは何を直接的に指すか。
(A) 報告書　　　(B) 影響、後遺症　　(C) 硫化水素　　(D) 非常時の対応

解説　As expected, it resulted in much tighter controls ...のitは、前の文のa reportを受けている。つまり、report（報告書）には、何が問題を起こしたのか、硫化水素の放出が及ぼす健康への危険性、緊急事態における対応の遅れが明記され、それは結果として、坑井の掘削に関して規制の強化をもたらすことになったのである。result inは「（結果的に）〔...に〕帰着する、終わる」の意。

Q19　正解　(D)

以下のうち掘削事故の影響の例ではないものはどれか。
(A) けがを負ったこと　　　　　　　(B) 住民を彼らの家から移したこと
(C) 悪臭の存在　　　　　　　　　　(D) 現地の労働者にふたりの死者が出たこと

解説　8文め、Moreover以下に事故後の様子が述べられている。(A)はtwo

workmen sustained minor injuriesから、(B)はsix households had to be evacuated from the areaから、(C)はresidents were exposed to the pungent smell of hydrogen sulfideから、それぞれ事故の影響の例であることがわかる。しかし、(D)はパッセージに書かれていない。したがってこれが正解。foul「悪臭のある、むかつくような」。fatality「(事故・戦争などによる)死、死者」。

Q20　正解　(D)

22行めのtemperと最も意味が近いのはどれか。
(A) 怒らせる　　(B) 制限する　　(C) 加熱する、あおる　　(D) やわらげる

解説　報告書は島において坑井の掘削に関して規制を強化する結果をもたらし、それがハワイで地熱力を開発することを支援してきた人々の当初の熱意をtemperすることになった、ということだから、(D) moderateが正解。

Q21　正解　(C)

掘削会社は最初、なぜ非難を受けたのか。
(A) 掘削地域での高い騒音レベルのため
(B) 高レベルの硫化水素ガスのため
(C) 非常時に十分早く対処しなかったため
(D) 作業員の負傷のため

解説　under fireは「非難[攻撃]を受けて」の意。パッセージの7文め、Regardless以下に、the company was severely criticized for not responding to signs that the temperature was rising quickly in the area being drilledとある。したがって、(C)が正解。

Q22　正解　(B)

このパッセージに続くパラグラフはどのような内容になりそうか。
(A) 硫化水素ガスの影響を扱う
(B) ますます厳重になる規則の例を掲げる
(C) 非常時における応答時間の改善方法を提案する
(D) ハワイは掘削に対する管理を緩めるべきだと主張する

解説　パッセージは、報告書は結果として、島における坑井の掘削に関して厳しい規制(tighter controls)をもたらした、と終わっている。ならば、次のパラグラフでは、その厳しい規制とはどのようなものかということについて述べられそうである。したがって、(B)が正解。stringent「〈規則などが〉厳重な」。

Q 23-30

対訳

　太陽から5番めの距離に位置する木星は、直径が8万8700マイルで、太陽系の中で最も大きな惑星です。木星は他の7つの惑星を合わせたものの2倍の大きさです。質量は地球単体の320倍です。しかし、体積は地球の1300倍ほどなので、平均密度は地球の4分の1しかありません。天文学者たちによると、木星は一種の宇宙の化石であると見なされています。というのは、その巨大なかたまりと強力な引力がすべての惑星のおおもとである最も軽いガスまでも保持しているからです。木星は凝固する前の地球と似ていると考えられています。

　木星と太陽との距離は地球の太陽との距離の5倍、4億8360万マイルと非常に遠いため、木星が軌道を1周し、木星年の1年がたつには、11.86地球年かかります。しかし自転は速く、1回転10時間弱しかかかりません。時速2万8000マイルという自転の速度が、木星の極を平らにしています。

　ふつう木星は金星に次いで2番めに明るく見えますが、時折火星のほうが（木星よりも）鮮やかに見えるくらい接近することがあります。状況がよければ木星は影をつくるほどに輝きます。木星は液体水素の層に取り囲まれた岩石の中心核をもつと信じられており、液体水素の層にはさらに深いガス状の大気がかぶさっています。地球から見えるのはただ、望遠鏡をのぞくとはっきりわかる帯や有名な大赤斑として見える、さまざまな色の雲のおおいだけです。

Q 23 正解 (D)

なぜ木星は宇宙の化石として知られるのか。
(A) それは他のどの惑星よりも古い。
(B) その大きなかたまりには過去に生物が存在していた形跡がある。
(C) それは地球の科学者に何百年もの間観察され続けている。
(D) 木星が形成されてから、その構成物は変わっていない。

解説　5文め、for its enormous mass ... 以下に「木星はすべての惑星のおおもとである最も軽いガスまでも保持している」とあることから、(D)が正解。

Q 24 正解 (C)

6行めのenormousと最も意味が近いのはどれか。
(A) 残虐な　　　(B) 強烈な、真剣な　(C) 巨大な　　　(D) ぎっしり詰まった

解説　enormousという語はenormous massという形で出てくる。massは「（大きな）かたまり」を意味する。本文1文めにあるように木星がthe largest of the planetsであるということから、enormousは(C) immense「巨大な」を意味することがわかる。

Q25 正解 (B)

6行めのretainedと最も意味が近いのはどれか。
(A) 制限した　　(B) 保持した　　(C) 吸収した　　(D) 生産した

解説　「木星はその巨大なかたまりと強力な引力がすべての惑星のおおもとである最も軽いガスまでもretainedしている」とはどういうことか。retainは「保持する、保有する」で、retainedは(B) heldと意味が近い。

Q26 正解 (A)

木星の表面は主に何で構成されていると考えられているか。
(A) 液体水素　　(B) 岩石　　(C) さまざまな気体　(D) 雲

解説　最後から2文めに、中心核は岩石で、それはliquid hydrogenの層に囲まれているとあることから、(A)が正解。

Q27 正解 (B)

木星がその軸を中心に回転する急激な速度の結果起こることのひとつは何か。
(A) その軌道は12年以内に回る。
(B) その惑星が楕円形を呈している。
(C) 濃密な雲がその惑星の表面をおおう。
(D) 赤い点が一度に10時間隠れる。

解説　velocity「速度」。第2パラグラフの最後の文に、The speed of rotation, 28,000 miles an hour, has caused Jupiter to become flattened at the poles.とあることから、(B)が正解。oblongは「楕円形」。assumeは「〈ものが〉〈ある性質・様相などを〉帯びる、呈する」。

Q28 正解 (D)

11行めのrotatesと最も意味が近いのはどれか。
(A) かき回す　　　　　　　(B) 進化する、展開する
(C) 安定する　　　　　　　(D) くるくる回る

解説　rotatesというのは、「(自軸を中心にして)回転する」、つまり「自転する」という意味である。したがって、(D) twirlsが正解。

Q29 正解 (C)

パッセージによると、火星はどのようなものか。
(A) 地球に最も近い惑星である
(B) 地球から最も見やすい惑星である
(C) ときどき木星よりも明るく見える
(D) しばしば木星の影におおい隠される

解説 火星のことが書かれているのは、第3パラグラフの1文め、Usually, Jupiter is visible as the second brightest planet (after Venus); however, upon occasion Mars comes close enough to appear slightly more luminous. だけである。ここから、(C)が正解。obscure「おおい隠す、暗くする、曇らせる」。

Q30 正解 (A)

パッセージによると、木星にあてはまらないものは以下のどれか。
(A) その表面の特徴は、強力な望遠鏡を使わなければ見えない。
(B) 太陽系の他のすべての惑星がその中に収まってしまう。
(C) それは太陽から5番めの惑星である。
(D) それは地球より密度がかなり低い。

解説 (B)は、第1パラグラフの2文めの It is twice as massive as the other seven planets put together. から正しい。(C)は、1文めの Jupiter, the fifth in distance from the sun と一致する。また(D)は、4文めの its mean density is only a quarter of Earth's と一致する。しかし、(A)のようには書かれていない。最後から2文めにあるように、木星は液体水素の層に取り囲まれているが、液体水素の層には深いガス状の大気がかぶさっている。そして、地球から見えるのは the multicolored cloud tops だけで、これは木星の表面の特徴とはいえない。したがって、木星の表面は強力な望遠鏡を使っても深いガス状の大気(a deep, gaseous atmosphere)のせいで見えないのである。(A)が正解。significantly「かなり、著しく」。

Q31-39

◎ CD 04

対訳

　摩擦や衝突のない理想的な動力学の世界においては、機械の効率は「1」になります。つまり、機械により構成される動力学システムは単に、それが受け取る全動力を伝達するというものであって、その過程においてエネルギーを消費することはありません。ある量の位置エネルギー（たとえば押し縮められたバネ、持ち上げられた質量、圧縮された空気などによるもの）を受けた機械は、「同量の」運動エネルギー、この場合は、その機械が運動をおこなうときに費やした位置エネルギーを取り戻すのにちょうど必要なだけのエネルギー量に相当する運動をおこなうことができるのです。おそらくこの現象の最も簡単な例は、考えられる力が（単純機械や滑車、レバー、キャプスタン＊などに加わる）重力だけである場合です。この場合には、原因と結果のエネルギー量が同等であることの総括的な関連性を、たやすく見出すことができます。もちろん、現実の物理的な機械の場合には大きく事情が異なります。それでも、摩擦のない状態について考察することは、単純なものであれ複雑なものであれ、機械の現実的な効率を測定し、実用化への基礎を築くうえでも必要なことなのです。

【キャプスタン】頭部に棒を差し込んで、これを押して錨や円材を巻き上げる装置

Q31　正解　(A)

導入部分の「理想的な世界においては……」は、このパッセージに関して読者に何をいわんとしているのか。
(A) 理論のうえでの状態について書かれている
(B) 物理的な現象を述べる
(C) 従来の考えを扱う
(D) 一貫した状態を述べる

　解説　導入部分に続けて、このパッセージでは、現実世界に存在する摩擦などの現象を除外した、「理論上の」世界における運動について説明されている。よって(A)が正解。

Q32　正解　(D)

効率が「1」である機械に関して、このパッセージから類推できることは何か。
(A) 摩擦と衝突があれば（可能である）
(B) （可能だが）望ましくない
(C) あらゆる状況で（可能である）
(D) 理想的な状況においてのみ（可能である）

　解説　理想的な世界での話をしているのだから、(D)「理想的な状況においてのみ（可能である）」と判断できる。(A)(B)(C)は該当しない。

Q33　正解（D）

1行めのdevoid ofと最も意味が近いのはどれか。
(A) ...を備えた　　　　　　　　　(B) ...を特徴とした
(C) ...によって複雑化された　　　(D) ...がない

解説　devoid of ... は「...が欠けた、ない」の意。理想の世界での話をしているので、摩擦(frictions)や衝突(collisions)が「ない」を意味することが文脈より推測できる。正解は(D)。

Q34　正解（A）

3行めのtransmitsと最も意味が近いのはどれか。
(A) 移す、運ぶ　　(B) 使い尽くす　　(C) 含む　　(D) 精製する

解説　transmitの意味は「伝達する」で、(A) transfersと同じ。

Q35　正解（C）

このパッセージの後に続くパッセージで最も話題になりそうなものは何か。
(A) 摩擦が機械の効率にどのように影響するかの説明
(B) レバーとキャプスタンの分析
(C) 現実の世界における機械の記述
(D) 押し縮められたバネにおける位置エネルギーの量の記述

解説　本文の最後の部分で、The real world of physical machines is much different, of course.とあり、それでも理想的な世界を考えることは実用化において必要である、と書かれている。これまで理想的な世界を想定して述べられてきたので、この後に続くパッセージは、現実の世界に照らし合わせて解説を進めようとするものである、と推測できる。したがって、(C)が正解。

Q36　正解（B）

3行めのitは何を指すか。
(A) すべての動力　　　　　　(B) 動力学システム
(C) 理想的な世界　　　　　　(D)「1」の効率

解説　... the dynamic system ... transmits the whole of the motion it receivesは「動力学システムはそれが受け取るすべての動力を伝達する」となる。意味的に考えて、itは(B)the dynamic systemを指していることがわかる。

Q37 正解（D）

パッセージによると、以下のうち正しい記述はどれか。
(A) 重力は滑車や単純な機械にかかる唯一の力である。
(B) 重力だけが位置エネルギーと運動エネルギーの不同を起こす。
(C) 滑車やレバーにかかった重力は運動エネルギーに等しい。
(D) 滑車やレバーにおいて重力だけを考えることは、位置エネルギーと運動エネルギーの量が同じであることを表す簡単な例のひとつである。

解説　3〜4文めの記述が(D)と合っている。(A)(B)(C)はパッセージの記述に合わない。

Q38 正解（B）

パッセージによると、最大限の機械の効率を最も単純に説明するためにどんな力を用いることができるか。
(A) 空気摩擦　　　(B) 重力　　　(C) 機械的抵抗　　(D) 衝突

解説　このパッセージでは摩擦や衝突のない理想的な世界を中心に書かれており、このような状態では位置エネルギーと運動エネルギーが同量になると述べられている。そして、3文めに、Perhaps the simplest example of this phenomenon is one in which the only force considered is gravity (...).「おそらくこの現象の最も簡単な例は、考えられる力が重力だけである場合である」とあり、機械の効率が最大化するのは重力のみが働く状態であることがわかる。したがって、正解は(B)。

Q39 正解（B）

11行めのestablishと最も意味が近いのはどれか。
(A) 否定する　　　(B) 立証する　　　(C) 分析する　　(D) 誤解する

解説　establishには、「設立する、制定する」などの意味のほかに、「立証する」という意味がある。パッセージでは、「理想的な世界では原因と結果が全体として等価になることを立証しやすい」という文脈で使われている。

Q 40-50

◎ CD 05

対訳

　世界中の莫大な需要に対して供給している電気の大半は、燃料を消費する発電所で作られています。これらの巨大な建物には、発電機やそれを作動させるための特殊な機械、変圧器、切り替え装置が備えられています。こうした機械が、石炭、石油などの化学エネルギー、あるいは核物質を熱エネルギーに変え、さらにそれを大々的に電力へと転換するのです。

　エネルギー使用の他の形態と似ていますが、電力の生産もたいてい効率の悪い工程です。化石燃料（石炭や石油）を燃やしている発電所では、発生する熱エネルギーの3分の2近くは大気中や周辺地域に無駄に放熱され、実際に電力の生産に使われているのは3分の1をやや上回るエネルギー量だけです。そのうえ、電流が供給網を通じて伝達される際にも、電力は失われていきます。消費者は、この電力を使用するとき、何か目的があるにせよ、あるいはまた他の過程でなにげなく、電力を熱へと再変換します。いろいろ不利な点はありますが、それでも電気は家庭や工場において何千とおりもの使い方ができる最高のパワー源です。消費の場において、電気はクリーンで便利、そしてほとんどの他のあらゆるエネルギーと比べて安全です。

　電気の生産における燃料の非効率な消費には、いくつかの例外があります。それには、水力発電や太陽エネルギー、風力発電などが含まれます。太陽光線を電気に転換させるための電池の製造には、非常に多額の資金がかかります。しかし、単に経済的なことを考えるより、化石燃料資源の急速な消耗や熱発電所から出る汚染の拡大を考えるほうが、いずれもっと重要となってくることでしょう。

Q 40　正解　(D)

発電所の機能を一番よく表しているものはどれか。
(A) 熱エネルギーを電気エネルギーに変える。
(B) 石炭を電気エネルギーに変える。
(C) 核エネルギーを電気エネルギーに変える。
(D) 化学あるいは核エネルギーを電気エネルギーに変える。

　解説　3文めにあるとおり、(D)が正解。(A)「熱エネルギーを」、(B)「石炭を」(C)「核エネルギーを」電気エネルギーに変えるというのは、一部しか答えになっていないので正答にできない。

Q 41　正解　(A)

以下のうち大きな発電所の一般的な燃料のひとつとして述べられていないものはどれか。

(A) 天然ガス　　　(B) 石油　　　(C) 核物質　　　(D) 石炭

解説　3文めにThey (= fuel-consuming power stations) convert the chemical energy of coal, oil, or nuclear matter into ... とある。この中で(A)Natural gasは述べられていないので、これが正解。

Q42　正解　(C)

4行めのTheyは何を指しているか。
(A) 発電機　　　(B) 特殊な機械　　　(C) 巨大な建物　　　(D) 切り替え装置

解説　Theyはfuel-consuming power stationsを指すが、パッセージの1文めを引き継いでいる2文めを読むと、These vast buildings are ... とある。vast buildingsはfuel-consuming power stationsを言い換えたものである。よって正解は(C)。

Q43　正解　(B)

4行めのconvertと最も意味が近いのはどれか。
(A) 減らす　　　(B) 変える　　　(C) 拡大する　　　(D) 集める

解説　They convert the chemical energy of coal, oil, or nuclear matter into thermal energy and then into electricity ... のTheyは「燃料を消費する発電所」を意味するが、それらは石炭、石油、核物質を熱エネルギーにconvertし、そして電力へとconvertするのである。「石炭、石油、核物質→熱エネルギー→電力」と考えれば、convertの意味は「変える」であることがわかる。したがって正解は(B)。

Q44　正解　(D)

パッセージによると、なぜ電気が最高のパワー源なのか。
(A) それは生産するのが非効率的である。
(B) それは電力を熱に変換し直すのが簡単である。
(C) それはいくとおりもの用途がある。
(D) それは比較的きれいで安全、また便利である。

解説　第2パラグラフの最後の文にあるとおり、(D)「電気は比較的きれいで安全、また便利」だから。(A)(B)は該当しない。また、(C)は直接の理由ではない。

Q45　正解　(A)

11行めのconsumersと最も意味が近いのはどれか。

51

(A) 利用者　　　　(B) 生産者　　　　(C) 配給業者　　　(D) 規制者、調節器
　解説　consumeは「消費する」でconsumerは「消費者」を意味する。選択肢では(A)users「利用者」が正解。

Q46　正解（A）

19行めのcapitalと最も意味が近いのはどれか。
(A) 金銭（上）の　　(B) 物質の　　　　(C) 重要な　　　　(D) デザイン
　解説　The capital cost of ...のcapitalは「資本の、元金の」の意。これと同義語は(A) monetary。

Q47　正解（C）

化石燃料を使った電力の生産はなぜ非効率的なのか。
(A) 天然ガスを電気に変えるとき、過大なエネルギーが熱として失われる。
(B) 電流を発電所から消費者に送るとき、大量のエネルギーが失われる。
(C) その過程において、半分以上の熱エネルギーが熱として失われる。
(D) 多くの電力を生産するのに化石燃料をあまり必要としない。
　解説　第2パラグラフの2文めに、電力の生産過程でエネルギーが失われていく様子が説明されているので、(C)が正解。(A)(D)は該当しない。また(B)は、化石燃料を使って電力を生産した後に起こる問題。

Q48　正解（B）

パッセージによると、消費者が使用する結果エネルギーの消失を起こすものは以下のどれか。
(A) 消費者の家庭における貧弱な配線
(B) 何らかのエネルギーの熱への変化
(C) 下手に設計された器具
(D) 過度の消費
　解説　第2パラグラフの4文めにあるように、消費者が電力を使用するときに失われるエネルギーは"electrical power"を"heat"に変えるときで、正解は(B)。

Q49　正解（D）

電気のために太陽エネルギーを使うのはなぜもっと一般的ではないのか。
(A) それは汚染を起こす。

(B) 化石燃料資源が枯渇しつつある。
(C) 電池の製造技術がまだ完成されていない。
(D) 太陽光線を電気に変える過程でお金がかかる。

　　解説　第3パラグラフの3文めから、(D)が正解。

Q50　正解（C）

以下のうちパッセージから類推できるものはどれか。
(A) 増大するエネルギー需要は、それを生産するわれわれの能力をおそらく上回るだろう。
(B) 太陽エネルギーは急速に、電気を生産する伝統的な手段の代替品となるだろう。
(C) 電気は、どのように作られるかにかかわらず、これからも必要とされるだろう。
(D) 電気のさまざまな不利な点によって、われわれは必然的に新しくてよりよいエネルギー源を見つけざるを得なくなるだろう。

　　解説　(A)(B)(D)に関しては、それを正解にする根拠となる文がパッセージにないので正解にできない。しかし(C)に関しては、「電力はいろいろ不利な点はあるが、the best power source available for the thousands of different uses in homes and factories」（第2パラグラフ5文め）から類推することができる。よって(C)が正解。

Primary Checkpoints

　PRIMARY TESTの結果はどうだろう。きちんと時間を計って解答できただろうか。答え合わせをした結果、あまりよくできなかったという人は、これから勉強を進めていくうえで、自分には何が問題で、どこを改善すべきかを考えてみる必要がある。まず1問を1点として、何点取れたかを計算してほしい。そして次に、Reading Comprehensionに関して、各自該当する項目をチェックしていただきたい。

PRIMARY TEST　スコア　合計（　　　　）/ 50問中

1 □　制限時間55分以内に全問解答できなかった。
2 □　ひとつのパッセージに20〜30語以上未知の語があった。
3 □　日本語に訳してからでないと読めない。
4 □　苦手な分野のパッセージが出た。
　　　　その分野は？［　　　　　　　　　］
5 □　ところどころ意味はわかるが、全体的に何がいいたいのかわからない。
6 □　パッセージから先に読んだ。
7 □　パッセージの長さに圧倒された。
8 □　質問の意味がわからないものがあった。
9 □　意味のわからない語が出てくると先へ読み進むことができない。
10 □　読みに集中できない。

　さて、いくつ該当する項目があっただろうか。以上は、英語学習者が一般にもっているTOEFLの読解問題に関する悩みである。これらの項目についての対処法は次のChapter 2以下でひとつひとつ詳しく解説していくことにするが、該当する項目の多かった人は、ここで一大奮起して、勉強に取りかかる決心をしていただきたい。目標を設定し、スケジュールを組み、少しずつこなしていくことをおすすめする。

Chapter 2

基礎編

Reading Comprehension 完全攻略

頻出問題の出題パターンを知り、読解問題を完全攻略するためのノウハウを身につけよう。

- [1] TOEFL 対策の「基本」を知る …… p.56
- [2] 読解問題はこう攻める …… p.62
- [3] 出題形式を教えます …… p.72
- [4] 語彙対策で得点アップ …… p.102

[1] TOEFL 対策の「基本」を知る

　TOEFL の Section 3: Reading Comprehension の具体的な出題形式や解法について説明する前に、ここではまず、読解問題をより効率よく解くための学習方法や心構えについて、基本となるいくつかのポイントを挙げておこう。

Point 1　時間配分を考える

　Section 3: Reading Comprehension では 5 つほどのパッセージが出題され、合計 50 問を 55 分で解答しなければならない。55 分以内で解答できなかった人はまず時間配分を考える必要がある。パッセージの長さ、またひとつのパッセージに出題される問題数も 8 問から 12 問とまちまちであり、出題される分野には人それぞれ得意、不得意があるだろうが、理想的には、ひとつのパッセージにかける時間を 10 分とし、残り 5 分を見直しにあてるようにするといいだろう。要は、ひとつの問題に必要以上に時間をかけないようにすることである。これはこれから速読速解力をつけるうえでも実践しなければいけないことである。

Point 2　語彙力をつける

　読解問題に未知の語が多いと、理解するのに時間がかかり、時間内に問題を全部終わらせることが難しくなる。一般的に、未知の語が全体の 5 パーセント以内なら、その語の意味を文脈より推測し、理解することが可能であるといわれている。つまり、100 語のパッセージなら 5 語、200 語なら 10 語、300 語なら 15 語以内となる。TOEFL レベルのパッセージでは、全部の語の意味がわからなければ問題が解けないということはないが、未知の語があまりにも多いと内容を正しく理解することができなくなり、解答にも支障をきたすことになる。ひとつのパッセージに未知の語が全体の 10 パーセント以上（100 語前後のパッセージに 10 語、200 語前後のパッセージに 20 語、300 語前後のパッセージに 30 語以上）あるようならもっと語彙力をつける努力をする必要がある。

　語彙力をつけるには、どうしたらよいかという質問をよく受けるが、一番最初に

いえることは、「幅広く語に接すること」である。一度も接したことのない語は覚えたくても覚えようがない。当たり前のように聞こえるが、これを自覚していない人があまりにも多い。英語を読まずして、あるいは聞かずしてどうして語彙力がつけられようか。まず大切なことは、英語をたくさん聞いて、あるいはたくさん読んで、たくさんの語に接することである。次に大切なのは、聞いたり読んだりした語を覚えておくために、ノートに書き取ったりメモを取ったりすること。それは一度や二度目にしたり耳にしたりしただけでは、まず記憶に残らないからである。最後に、記憶を強化するために「同じ語に何度も接すること」である。つまり何度も復習することが大切なのである。語彙力というのはこのプロセスを経て習得されるものであることを覚えておいていただきたい。

語彙力をつける具体的な方法に関しては、本章の「[4] 語彙対策で得点アップ」のセクションで解説したので参考にしていただきたい。

Point 3 英語は文頭から理解する

TOEFL のような読む分量の多い試験では、日本語に訳してからでないと読めないとか、返り読みしないと読めないというのでは対応できない。訳さなくても、また返り読みしなくても読めるように、英語の文構造に慣れ、また全体の主旨を素早くつかめるように、英語のパラグラフの構造に慣れる必要がある。

英語を文頭から読みくだすようになれる唯一の方法は、やはりたくさん読み、たくさん聞くことである。英語に多く接すれば、意味が語順どおりに頭に入ってくるようになるのである。

Point 4 苦手な分野を克服する

Section 3 の読解問題は、社会、経済、文化、歴史、地理から生物、化学、地学、気象学、宇宙に関する記事まで内容が広範囲にわたっており、どの分野もかたよりなく出題されている。テーマはアメリカに関するものが多いが、これはどの国の人にも同じ条件で受験してもらうためである。また、学者によって大きく解釈が異なるものやまだ学説として定着していないもの、現代史的なことも出題の対象から外れている。時事問題なども出題の対象外である。

さて、皆さんにも自分の専門分野、興味のある分野、得意な分野とそうでない分野があるだろうが、TOEFL では得意な分野にヤマをかけるというようなことはで

きない。また、理系あるいは文系の人どちらか一方に有利になることのないように作成されているため、受験生としてはどちらの分野にもある程度精通している必要がある。しかし、TOEFL はあくまでも、英語を母国語としない外国人がアメリカやカナダの大学・大学院で勉強できるだけの英語力をもっているかどうかを見るためのものなので、大学に入ってから勉強するような専門的な内容は出題されない。内容は一見難しく見えても、英語の力と常識を働かせれば答えられる問題もかなりある。要は、高校までに勉強するような基本的なことをきちんとおさえておくことだ。大学生ならば、一般教育の科目をおろそかに考えてはいけない。いずれにせよ自分のもっている知識が多いほど、その分だけ内容を速く、的確に理解することができるのはいうまでもない。

　苦手な分野を克服するには、まずその分野に関連した本を日本語で読んで勉強することをおすすめしたい。日本語で基本的な知識を十分つけたら、今度はそれを英語で読んでみる。日本語で読んでから英語で読むのなら、知識があるのだからそれほど苦にはならないはずである。また、日本語と英語と２回読むことで、知識も定着するし、多くの英語に接することができるので語彙力増強に役立ち、文頭から読みくだす訓練にもなるので格好の勉強法である。英語で読む場合は、アメリカの高校の教科書が TOEFL の勉強に一番適しているだろう。大きな書店なら普通何種類か置いてあるが、ただ、アメリカの教科書はハードカバーで分厚く、値段も高い。そこで図書館を利用されてみてはどうだろうか。

Point 5　英語のパッセージ、およびパラグラフの構造を知る

　英語のパッセージには、決まった書き方があり、英語はその規則に則って書かれる。一文ずつの意味はわかるが、全体として何がいいたいのかわからないという場合、そういう人は「木を見て森を見ていない」読み方をしているのである。これでは、TOEFL によく出題される、主題／表題に関する問題、主旨に関する問題、パッセージの前／後にきそうな内容を推測させる問題などに解答することができない。TOEFL でまず大事なことは、個々の意味がわかるかどうかということよりも、全体の内容がつかめるかどうかということである。英語を読む場合、またこの本の問題に挑戦する場合もこのことを念頭において取り組んでいただきたい。英語のパッセージおよびパラグラフの構造に関しては、本章の「[2] 読解問題はこう攻める」に書き記したのでしっかり覚えてほしい。

Point 6　問題を先に読んで、読む的を絞る

　本当に英語力がある人は、パッセージを先に読んで、それから問題を読んでも十分解答できる実力をもっている。しかし「試験」を目前にして、決められた時間内で効率よく読み、高得点を取るには、まず問題を先に読んで、質問されている内容を確認し、その内容に的を絞って読むほうが無難である。先に、本当に実力がある人ならパッセージを読んでからでも問題に十分解答できると述べたが、そのような人でも正解を確認するのに、パッセージの該当する部分を探し、読み返しをしなければならないことがある。それはたった今読んだ内容をすべて覚えているわけではないからである。読みの苦手な人がこのような読み方をしたら、該当部分を確認するためにちょっと読むどころか、まず正解がどこにあるのか探すのに時間がかかり、もう1回時間をかけて読み直さなければならないという手間をかけることになるのである。したがって、読みの得意でない人ほど、まず質問文を読むことをおすすめしたい。問題を先に読むことの利点や具体的な方法は、本章の「[2] 読解問題はこう攻める」に述べてある。

Point 7　1分間に150語は読めるように

　TOEFLのSection 3では、ひとつのパッセージにつき、だいたい200語から300語の英文を読まなければならない。この長さのパッセージが5題ほど出題される。

　英文を読むにあたっては、1分間に150語以上は読めるようにする必要がある。150語というのは自然に朗読したときに1分間に読める語数だ。TOEFLのパッセージを読むのに、声に出して自然に朗読したときよりも読みが遅いようでは、それから問題を解いていく時間を考えると、決められた時間内にすべての問題を解くことはできない。また、ここでいう「読める」というのは「内容理解」を伴った読みを意味する。いくら目を速く動かして、パッセージの最後まで読み終わったとしても、内容がわかっていなければ何の意味もない。まず、的確に意味を理解しながら読む習慣をつけ、徐々に読むスピードを速めていくことが大切だ。皆さんには、自分は1分間に何語くらい読めるのか、各自調べてみることをおすすめする。

　まず、全体的に内容のやさしい（理解しやすい）400語前後のパッセージを用意する。次に読みはじめる時間（時／分）を書き込んでおき、その時間に読みはじめる。読み終わったら、その時間（時／分）を記しておく。毎分、何語読めるかは以下の

式を使って出すことができる。

読みの速度（語／分）＝読んだ語数÷読むのに費やした時間（秒）× 60

　読む材料によって読みの速度は変わってくるが、英米で普通に教育を受けた程度の人たちが読書するときの速度は 250 〜 300 語／分程度といわれている。日本人にはかなり難しい線だが、250 語を目標に頑張ってみてはいかがだろう。

Point 8　TOEFLの質問内容を熟知する

　読解問題で、問題の意味がわからなかったというのは実にもったいない話である。問題の意味がわからなければ、解答のしようがないからである。TOEFL の読解問題は、問題の形式・種類がだいたい決まっている。さらに、その解き方にもコツがあって、これを知っているか知らないかで、得点にも大きな差が出てくるだろう。本章の「[3] 出題形式を教えます」の箇所では、問題の種類と具体的な問題例、さらに解法の仕方を解説してある。まずは出題形式をよく勉強していただきたい。さらに各パッセージの解説では、解法の手順にならって説明してある。問題の意味がどうしてもわからない場合は、その日本語訳を確認し、正解を見る前に、自分でもう一度問題に取り組んでいただきたい。それでもわからない場合は、今度は解説の一部をヒントにもう1回トライしてほしい。

Point 9　意味のわからない語が出てきても、止まらず先へと読み進む

　意味がわからないと、心理的にどうしても先へ進めないという人が多い。しかし、未知の語は、その先を読むと意味がわかる場合がある。それはその語の意味を推測するヒントとなる語や説明が後に出ていることがあるからである。このヒントは何しろ先へ読み進まなければ得られないものである。だから意味のわからない語が出てきても、そこで止まらずに読み進むことである。また、いったん意味のわからない語に出くわすとそこで止まってしまったり、すぐに辞書に頼ったりするような読み方をしていると、読解力の養成にも支障をきたす。どんどん読み進めることで読解力をつけ、文脈から意味を推測する能力を養うことが大切である。

Point 10 集中して読むこと

　本書で準備した読解問題を読むときは、実際の試験に臨むつもりで、学習時に集中して読むくせをつけておくようにしたい。また、特に内容に集中して頭の中を整理しながら読むように心がけてほしい。たとえば、ある人物の経歴を示したパッセージであれば、年代順に出来事を整理しながら読む。またある動物の生態を述べたものであれば、その特徴は何かに集中して読む。さらに雨や衛星の仕組みを説明しようとしているものであれば、その仕組みを整理して読むのである。環境を整えて、神経を集中して内容を整理しながら読む訓練をしておけば、実際の試験で慌てることもないだろう。

Point 11 「文字指し」読みをしないこと

　皆さんは日頃英語を読むとき、文章を指や鉛筆で追いながら読んでいないだろうか。何かを読むときにいつも「文字指し」をしながら読んでいると、その読み方から抜け出せなくなり、しらみつぶしに読む習慣がついてしまう。もしあなたがそのような読み方をしているならば、ぜひやめてほしい。

Point 12 音読しないこと

　文章を読むときに、よくぼそぼそと声を出しながら読む人がいるが、音読や唇読をするとそれだけ読むスピードが遅くなる。TOEFLではある程度の速読が要求されるので、問題を解くとき、また速読の訓練をするときは「黙読」してほしい。一方で、音読は確実に語や文を記憶するなど、学習時には優れた効果がある。そこで「問題を解くときは黙読で、学習するときは音読で」を心がけてほしい。

[2] 読解問題はこう攻める

　TOEFL の読解問題では 1 回に 5 つほどのパッセージが与えられ、ひとつのパッセージにつき 8 問から 12 問の問題が出題される。全問合わせて 55 分で解答しなくてはならないので、速読速解が要求される。

　長文読解に関しては、普段から長文の英語を読み、慣れることが大事である。前にも述べたように、ひとつひとつのパッセージの長さや量を見て圧倒されたり、ため息が出たりするようでは、まだまだ読みの量が足りないといえる。まず読書量を増やし、長文英語に慣れ親しむ必要がある。

　TOEFL の読解問題は、社会科学、自然科学とさまざまな分野から出題されるが、①「読解問題を解くコツ」、②「英語長文の読み方」、さらに③「どんな問題が出るのか」などといった出題傾向や形式がわかっていれば、それなりの対策を立てることができる。つまり以上の 3 点を心得ていれば、あとはさらに語彙を増やす、読書量を増やすなど各自の弱点を克服すべく勉強に専念できるわけである。このセクションでは、上記①「読解問題を解くコツ」について、さらに②「英語長文の読み方」の一例として、「パラグラフの構造」について解説することにしよう。③「出題形式」に関しては、本章の「[3] 出題形式を教えます」で詳しく解説する。

1　問題はこうして解く

●まずは時間配分から

　さて、実際の試験時に Section 3: Reading Comprehension へ進むよう指示が出たら、ページをめくって、パッセージはいくつあるか、どんな分野の問題が出題されているかなどをざっと見てみよう。そして短めのパッセージや得意分野のパッセージには 8 分、長めのパッセージや不得意分野のパッセージには 12 分と時間配分をして、時間内に全問を解けるようにし、まず得意な分野の問題をさっと片づけてしまうことである。不得意分野は、内容に慣れ親しんでいないだけに、思った以上に時間がかかることがある。

●問題全体からおおまかな情報を得る

　どの問題からアタックするかが決まったら、次に、パッセージも含めてその問題全体をざっと眺めてみる。するとパラグラフが 3 つあるとか、問題は 10 題だとかが知覚できる。選択肢の文が長いなどということも一瞬にして目に入ってくるだろう。そこで、まず、パッセージの最初の文をちらちら程度に読んでみる。その次に

質問文を読む。選択肢まで読むべきかどうかは、選択肢の長さによって変わってくる。選択肢の英語が２、３語程度の場合は見ておいたほうがいい。しかし選択肢が長い文の場合は、ここで読んで理解している暇などはない。この段階では読まないほうがいいだろう。

では、実際に例題をひとつひとつ解いてみて、どれだけの情報を得ることができるのか見てみることにしよう。65ページ「例題１」のパッセージを見て、まず

① パラグラフの数
② 問題数
③ 選択肢の英語の長さ

を確認する。そう、パラグラフはふたつ、問題は８つある。選択肢は短めだ。例題は解き方の説明を最後まで読んでから解くこと。

●パラグラフの最初の文に目をとおす

問題全体の情報が得られたら、次に、ちらちら程度にパラグラフの最初の文を読んでみる。

> Comparable worth is the doctrine that women should be paid the full value of their work ...
>
> The pay gap is caused by discrimination against women ...

読むからには、それなりの成果を得なくてはいけない。ここでは、Comparable worth ... とはじまるが、たぶんいきなり何のことかはわからないだろう。しかし、that 以下の、women、paid、value、work などの語から、「女性の仕事と賃金」について書かれているものだろうと予測を立てることができる。次のパラグラフの１文めからは、pay gap、discrimination against women などとあることから、「女性に対する労働の差別」について書かれている、と内容を確認できるだろう。

●本文全体を読む前に質問文を見る

さて次に、質問文に目をやる。「質問文を先に読む」ことには、以下のような大きな利点がある。

A) パッセージの内容を予測できる
B) 何に注意して読んだらよいかがわかる

例題を見てみよう。１番は「スタンフォード経営大学院の卒業生に対して行われた調査の結果で、以下のどの記述が正しいか」という質問だ。これから、「スタンフォード経営大学院の卒業生に対して何かしらの調査が行われ、そしてその結

果が本文に述べられている」と一瞬にしてさとることができる。選択肢は長いので読まない。2番は「2行めの "argue" と最も意味が近いのはどれか」、3番は「6行めの "revealing" と置き換えるのに最もよいのはどれか」、そして4番は「15行めの "valued" と最も意味が近いのはどれか」という語彙に関する質問。この語がある周辺の文章は、しっかりと読む必要がある。選択肢はここでは眺める程度でよい。というのは、語彙の問題は文脈を考えて答えさせるものが多いからである。

　5番は「Margaret Mead によると、原始的な社会ではどんな種類の仕事が最も高く評価されるか」とある。ここから、「Margaret Mead という人物が、原始社会で最も高く評価されている仕事が何かを述べている部分があって、それは選択肢によると [魚釣り、weaving、男性の仕事、女性の仕事] の中のどれか」だ、ということがわかる。6番は「パッセージによると、どんな社会で男性の仕事は女性の仕事よりもより高く評価されているか」とある。「原始社会でか、進んだ社会でか、資本主義の社会でか、それともどの社会でも男性の仕事は女性の仕事よりも高く評価されているのか」などを念頭において読む。7番は「アメリカで、銀行の窓口の係に関しては以下のどの文が正しいか」という質問。ここでは「銀行の事務員についての記述がある」といった程度のことを把握しておけばよい。最後、8番は「著者について以下のどのことを類推できるか」という質問。in favor/critic of comparable worth、woman、man と選択肢にあることから、「著者の立場」に気をつけて読むようにする。

　以上より、A) パッセージの内容に関しては、次のような予測を立てることができる。

「これは社会問題を扱った論説文で、著者は女性の仕事と賃金における差別に関して、否定的あるいは肯定的な考えをもっている。これに関しては、スタンフォード経営大学院の卒業生に対して何かしらの調査が行われた。また差別との関連で、男性／女性の仕事の評価に関していろいろな社会の例が書かれている」

　また、B) 何に注意して読んだらよいかについては、次の6点が挙げられるだろう。

- スタンフォード経営大学院の卒業生に対して行われた調査の結果
- 2行めの "argue"、6行めの "revealing"、そして 15行めの "valued" の意味
- Margaret Mead がいったこと
- どんな社会で男性の仕事は女性の仕事よりも高く評価されているか
- 銀行の窓口の係に関する記述
- 著者の考え・立場、性別

　では、以上を頭において、実際に問題を解いてみよう。

例題 1

Comparable worth is the doctrine that women should be paid the full value of their work. Critics of comparable worth argue that women are being paid fairly now. For example, critics cite a 1976 study showing that the starting salaries of male and female college graduates are equal. But this study ignores what happens to women on the job. A more revealing study examined the pay of graduates of the Stanford Business School. The starting salaries of men and women in 1974 were equal, but by 1978 the women's pay had dropped to less than 80 percent of the men's.

The pay gap is caused by discrimination against women. One form of discrimination is the universal practice of valuing men's work more highly than women's. As Margaret Mead pointed out, in some primitive societies, men fish and women weave; in other societies, women fish and men weave. Whatever the work the men do, it is valued by that society more highly than the women's work. Examples need not be limited to the developing world. As work loses status, women are allowed to perform it (or, perhaps, as women are allowed to do work, it loses status). Consider lawyers in many of the former communist societies: a low status, female job. Consider what has happened to bank tellers in the United States.

Q 1

Based on the results of the study of Stanford Business School graduates, which of the following statements is true?
(A) Women's salaries decline after four years on the job.
(B) The pay gap is not evident for first-year employees.
(C) Eighty percent of women make less money than men.
(D) Men are paid consistently higher salaries than women.

Q 2

The word "argue" in line 2 is closest in meaning to
(A) demand
(B) conceive
(C) contend
(D) imagine

Q 3

The word "revealing" in line 6 could best be replaced with
(A) telling
(B) startling
(C) prevailing
(D) challenging

Q 4

The word "valued" in line 15 is closest in meaning to
(A) priced
(B) conceived
(C) assumed
(D) assessed

Q 5

According to Margaret Mead, what kind of work is valued the most highly in primitive societies?
(A) Fishing
(B) Weaving
(C) Men's work
(D) Women's work

Q 6

According to the passage, in what kind of societies is men's work most likely to be valued more highly than women's work?
(A) Primitive societies
(B) Developed societies
(C) Capitalist societies
(D) All societies

Q7

Which of the following statements is most likely true of bank tellers in the U.S.?
(A) They are primarily men.
(B) They are paid well.
(C) They have little status.
(D) They are valued highly.

Q8

It can be inferred from this passage that the author
(A) is in favor of comparable worth
(B) is a critic of comparable worth
(C) is a woman
(D) is a man

Q 1-8

対訳

CD 06

　「男女労働等価」とは、女性に労働の分だけ報酬が支払われるべきだという原則です。労働等価に批判的な人々は、女性は現在公平な報酬を得ていると主張します。たとえば、1976年の調査を挙げて、大卒男女の初任給が同等であった、といいます。しかしこの調査では、仕事面で女性に何が起きているかは無視されています。より意義のある調査に、スタンフォード経営学大学院卒業生の給料を調べたものがあります。1974年の初任給は男女均一でしたが、1978年には、女性に対する賃金は男性の8割近くにまで落ち込んでしまっています。

　賃金格差は女性差別に根差しています。差別のひとつに、男性の仕事は女性のそれよりも価値があるとする万国共通の習わしがあります。マーガレット・ミード女史が指摘したように、原始的な社会では、男性が魚を捕り女性が布を織るところもあれば、女性が魚を捕り男性が布を織るところもあります。男性がどんな仕事をしようと、その社会では男性の仕事は女性の仕事以上に価値があるものと見なされます。こうした例は発展途上国に限られたものではありません。仕事の地位が下れば、女性はその仕事に就くことが許されます（あるいは、女性が働くことを許されると、その仕事は地位を失うのでしょう）。かつての共産主義社会の弁護士を考えてみてください。地位は低く女性の仕事でした。アメリカの銀行の窓口係に何が起きたか、考えてみてください。

Q1　正解（B）

スタンフォード経営学大学院の卒業生に対して行われた調査の結果で、以下のどの記述が正しいか。
(A) 女性の給料は就職して4年後に減少する。
(B) 給料の差は入社1年めの社員では明白でない。
(C) 女性の80パーセントは男性よりも給料が安い。
(D) 男性には常に女性より高い給料が支払われる。

解説　第1パラグラフの最後の文に「1974年の男女の初任給は同じだったが、1978年には女性の給料は男性の80％近くまで落ちている」とある。「初任給は同じ」ということから、(B)が正解。

Q2　正解（C）

2行めのargueと最も意味が近いのはどれか。
(A) 要求する　　　　　　　　(B) 考える、思いつく
(C) 強く主張する　　　　　　(D) 想像する

解説　argueは、Critics of comparable worth argue that women are being paid fairly now. という文に出てくる。前文の「労働の分だけ女性に報酬を支払わなければならない」という原則に対して、「それに批判的な人（critics）は、女性は現在公平な報酬を得ているとargueしている」というのである。したがって、選択肢の中で最も意味が近いのは、(C) contendである。

Q3　正解（A）

6行めのrevealingと置き換えるのに最もよいのはどれか。
(A) 効果的な、内情を外に表す　(B) びっくりさせる
(C) 流行の、勢力のある　　　　(D) 挑戦的な、やりがいのある

解説　revealは「秘密などを明かす、暴露する」という意味だが、文中のrevealingは形容詞で、「意味深い」という意味である。選択肢の中では(A) tellingが近い。

Q4　正解（D）

15行めのvaluedと最も意味が近いのはどれか。
(A) 価格がつけられる　　　　(B) 考えられる
(C) 想定される　　　　　　　(D) 評価される

解説　valuedは、Whatever the work the men do, it is valued by that society more highly than the women's work.という文に出てくる。これは賃金格差の一因となっているものである。その社会では男性の仕事は女性の仕事よりもvalued highlyだというのはどういうことかを考えると、(D) assessedと最も意味が近いとわかる。

Q5　正解（**C**）

マーガレット・ミードによると、原始的な社会ではどんな種類の仕事が最も高く評価されるか。
(A) 魚捕り　　　(B) 布織り　　　(C) 男性の仕事　　　(D) 女性の仕事

解説　第2パラグラフの4文めに、「原始的な社会では、どんな仕事でも男性の仕事は女性の仕事より高く評価される」とある。

Q6　正解（**D**）

パッセージによると、男性の仕事が女性の仕事よりも高く評価されやすいのはどのような社会においてか。
(A) 原始的な社会　　　　　　　　(B) 発展した社会
(C) 資本主義社会　　　　　　　　(D) すべての社会

解説　第2パラグラフの4、5文めに、「男性の仕事が女性の仕事よりも高く評価されるのは、developing world（発展途上の世界）に限られたことではない」とある。ということは、この傾向はdeveloped worldにも見られることを意味し、(D)が正解となる。

Q7　正解（**C**）

アメリカにおける銀行窓口係について最も当てはまりそうなのは以下のどの記述か。
(A) 彼らは主に男性である。　　　　(B) 彼らは高給である。
(C) 彼らは地位が低い。　　　　　　(D) 彼らは高く評価されている。

解説　かつての共産主義の社会では、弁護士の社会的地位が低く女性の仕事となっているが、同様にアメリカでは銀行窓口係の社会的地位が低いと推論させる記述になっている。

Q8 正解 (A)

著者についてこのパッセージから類推できることはどれか。
(A) 労働等価を支持している　　　(B) 労働等価の批判者である
(C) 女性である　　　　　　　　　(D) 男性である

解説　本文からは著者が男性か女性かはわからないので、答えは(A)か(B)のどちらかになる。著者の立場は第1パラグラフの4文め(But this study ...)にはっきり表れている。つまり、「労働等価に批判的な人は、女性は現在公平な報酬を得ているといい、1976年の大卒男女の初任給が同じであることを例に出すが、この調査は仕事面で女性にどんなことが起こるかを無視している」というのである。これに続き、スタンフォード経営学大学院の卒業生に対する調査を挙げて実際には平等ではないと述べていることから、著者は、仕事分だけの報酬を女性に払うという労働等価を支持しているといえる。

2　英語長文の読み方を知る

　是非を論じて自分の意見を述べること、またそういった文章を「論説」というが、英語の論説文は直線的かつ論理的な構造で、著者のいいたいことをくみ取りやすい。そのような英語の構成には、下記のような共通した特徴がある。

> ①ひとつの段落（paragraph）に著者のいいたいことはひとつしかない。
> ②著者の主張（= いいたいこと main idea「主旨」）は、パラグラフの第1文に topic sentence「主題文」の形で表される場合が多い。主題文は topic（話題）と what I am going to say about the topic、つまり assertion（主張）から成り立つ。
> ③次に、主張の理由・例など（supporting facts/details「詳説」）が続く。

　著者のいいたいこと(main idea)は、パラグラフの真ん中で表されたり、最後に結論として述べられたり、あるいは読者のほうで推測しなくてはならない場合もあるが、パラグラフが main idea(主旨)と supporting facts/details(詳説)によって構成されていることに変わりはない。また、ふたつ以上のパラグラフから成るパッセージでも、基本的にこの構造に則ったものである。このような英語の論理構造を知っていれば、簡単に全体像(outline)をつかめるし、速読速解もできるのだ。以下に主旨が最初にくる場合のパラグラフの構成を記しておこう。

◆パラグラフの構造

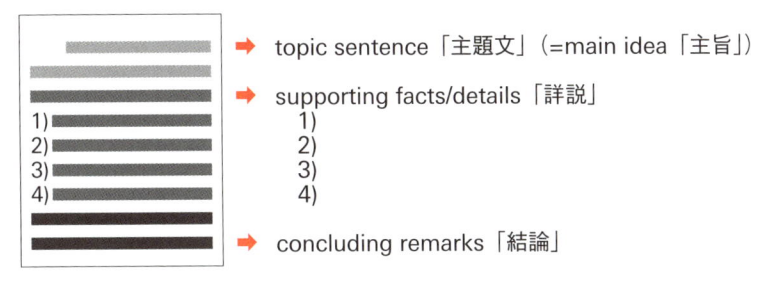

→ topic sentence「主題文」(=main idea「主旨」)
→ supporting facts/details「詳説」
  1)
  2)
  3)
  4)
→ concluding remarks「結論」

では、以下のパラグラフを例に、「主旨」「詳説」「結論」を書き出してみよう。

> Although there are considerable variations in the respective roles of women and men in different cultures, there is no known instance of a society in which females are more powerful than men. Women are everywhere primarily concerned with child-rearing and the maintenance of the home, while political and military activities tend to be resoundingly male. Nowhere in the world do men have primary responsibility for the rearing of children. Conversely, there are few if any cultures in which women are charged with the main responsibility for the herding of large animals, the hunting of large game, deep-sea fishing, or plough agriculture. In industrial societies, the division of labor between the sexes has become less clear-cut than in non-industrial societies; nonetheless, men still outnumber women in all spheres of power and influence.

【主旨】[main idea]
文化によって、男性と女性の役割にはかなりの多様性が見られるが、女性のほうが男性より権力をもった社会はひとつも知られていない(1文め)。

【詳説】[supporting facts/details]
(1) 女性はどこにおいても育児と家事に専念し、政治や軍事には男性が従事している(2文め)。
(2) 男性が育児の主たる責任を負っている社会は世界のどこにもない(3文め)。
(3) 反対に、女性が大きな動物の群れを集めたり、大きな獲物の狩りをしたり、漁業や農耕の責任を第一に負っている文化もほとんどない(4文め)。

【結論】[concluding remarks]
高度に発達した産業をもつ社会では、性による役割分担は、産業が発達していない社会に比べるとそれほど明確ではなくなってきているが、それでも権力と影響力のすべての領域において、男性の数は女性を圧倒している(最後の文)。

[3] 出題形式を教えます

　受験生の中で、ときどき「質問が何を聞いているのかわからない」という人がいる。質問がわからなければ答えようがないわけだから、これは一大事である。またそのような人は、目的のない読み方をしている人が多い。
　TOEFL の読解問題は、種類がだいたい決まっている。それらは、

1）主旨 [main idea] に関する問題
2）主題 [topic] ／表題 [title] に関する問題
3）類推 [inference] に関する問題
　　A）結論を類推させる
　　B）著者の立場を類推させる
　　C）パッセージの前／後にきそうなパラグラフの内容を類推させる
4）詳説 [supporting facts/details] に関する問題
5）語彙に関する問題

などである。TOEFL の Section 3 でパッセージを読む目的は、以上のような問題を解くことにあるのだから、その解答を得られるような読み方をする必要がある。また裏を返せば、そのような読み方ができればパッセージを理解していると判断できることになる。ここでは、正解の得方とパッセージの読み方を合わせてお話ししよう。

Type 1　主旨[main idea]に関する問題

　70 ページ「2 英語長文の読み方を知る」の項で述べたように、「主旨」は著者がそのパッセージの中で「いいたいこと」であり、パラグラフの第 1 文におかれることが多い。しかし、パッセージによっては、第 1 文はパラグラフの導入部分でしかなく、ふたつめの文が主旨の場合もある。だからパッセージを読むときは、最初のパラグラフのふたつの文はていねいに読むほうがよいだろう。主旨が真ん中や後ろにくる場合、または文の中ではっきり書き表されていない場合は、読者のほうで読み取らなくてはならない。
　主旨に関する問題は次のような形式になっている。

- What is the main idea of the passage?
- Which of the following best describes the main idea of the passage?
- What is the author's main point?
- The main theme of the passage is ...

正解は、パッセージの内容を包括的にとらえているもので、supporting details/facts（詳説）の一部しかカバーしていない狭すぎたものであってはいけない。

それでは、実際に次ページの「例題2」のパッセージを読んで、以下に主旨を書き出してみよう。また、主旨を支える詳説、およびパッセージの結論も書き出してみよう。さらに、例題2の設問にもトライしてみるといいだろう。

例題2 のパッセージを読んで以下に記入しなさい

【主旨】：

【詳説】：

【結論】：

例題 2

　　　The ancient Mayan temples have survived in the Yucatan jungles of Mexico for more than a thousand years, but now they are being destroyed by the effects of acid rain. Acid rain is caused by the
Line nitrogen and sulfur pumped out of the many oil-field smokestacks
5 and oil wells located in the Gulf of Mexico. This mixture of chemicals later falls as rain, which gradually eats away at the walls of buildings, and has already ruined some elaborate, colorful murals in the Pyramid of the Magician, a classic temple on the Yucatan Peninsula. The once vivid murals depicting ancient life in Mayan
10 times are now encrusted with black deposits. The situation is worsened by certain microorganisms which take up residence in the cracks created by this damage. The corrosive waste from these creatures speeds up the process of erosion. Adding to the pollution are the tour buses that park near the Mayan ruins with their motors
15 running for hours. The only solution may be to dismantle some of these Mayan ruins and move valuable pieces into museums.

Q 1

What is the main idea of this passage?
(A) Mexico is overly reliant on oil for its energy needs.
(B) Acid rain has become a global issue.
(C) Mayan ruins have become popular tourist sites.
(D) The continued existence of Mayan temples is in jeopardy.

Q 2

What is the main topic of this passage?
(A) Pollution caused by oil wells
(B) Problems with acid rain in Mexico
(C) The destruction of ancient ruins
(D) The problems of too many tourists in Mexico

Q 3

According to the passage, acid rain is mainly formed by
(A) chemicals released into the air by the oil industry
(B) corrosive microorganisms
(C) tour buses which park near the ruins
(D) the nitrogen in the Yucatan jungles

Q 4

Why may some of the temples be taken apart and moved?
(A) To make them easier to clean
(B) So tourists can see them easier
(C) To prevent damage of valuables
(D) To protect the valuable pieces from thieves

Q 5

Which of the following can be inferred from the passage?
(A) American oil wells also cause pollution in the Yucatan.
(B) The Pyramid of the Magician will be moved.
(C) The bus drivers don't care about pollution.
(D) The microorganisms are harmful to man.

Q 6

The word "murals" in line 7 is closest in meaning to which of the following?
(A) Paintings
(B) Stories
(C) Windows
(D) Writings

【主旨】[main idea]
The ancient Mayan temples have survived in the Yucatan jungles of Mexico for more than a thousand years, but now they are being destroyed by the effects of acid rain.

【詳説】[supporting facts/details]
(1) acid rain is caused by the nitrogen and sulfur pumped out of the many oil-field smokestacks and oil wells located in the Gulf of Mexico
(2) the situation is worsened by certain microorganisms which take up residence in the cracks created by this damage
(3) tour buses park with their motors running for hours

【結論】[concluding remarks]
The only solution may be to dismantle some of these Mayan ruins and move valuable pieces into museums.

　「主旨」[main idea]は「古代のマヤ寺院が酸性雨の影響で破壊されつつある」ということ。ここでは主旨は、第1文のtopic sentenceに集約されている。つまりtopic（話題）は「マヤ寺院」であり、assertion（主張）は「破壊されつつある」ということだ。著者は、その原因として（1）メキシコ湾岸の油田の煙突や油井から窒素と硫黄が大量に放出されていること、（2）損傷によってできたひびが微生物の棲家となっていること、そして（3）観光バスが何時間もエンジンをかけっぱなしで駐車していることなどをあげて、それを「詳説」として述べている。そして「結論」として、「マヤ遺跡の一部を取り外し、貴重な品々を博物館に移動した方がよい」といって結んでいるのである。

Q1-6

◎ CD 07

対訳

　古代のマヤ寺院は、メキシコはユカタンの密林に1000年以上も建ち続けていますが、今、酸性雨の影響で破壊されつつあります。酸性雨は、メキシコ湾に位置する多くの油田の煙突や油井から大量に排出される窒素や硫黄によって引き起こされます。この化学物質の化合物は後に雨となって降ってきますが、その雨によって建物の壁は徐々に侵食され、ユカタン半島にある古い寺院「魔術師のピラミッド」の精巧でカラフルな壁画もすでに一部破壊しています。かつてマヤ時代の古代生活が生き生きと描かれていた壁画は、今では黒い染みにおおわれてしまっています。この損傷によって生じたひびにすみついたある種の微生物が事態をさ

らに悪化させています。これらの生物の出す腐食性の排泄物が腐食の進行を速めているのです。また汚染を助長しているのは、マヤ遺跡の近くに駐車して何時間もモーターを作動し続ける観光バスです。これに対する解決策はおそらく、これらのマヤ遺跡の一部を取り外し、貴重な品々を博物館に移動してしまうことしかないでしょう。

Q1　正解（D）

このパッセージの主旨は何か。
(A) メキシコはエネルギーに必要とされる石油に過度に依存している。
(B) 酸性雨は地球規模の問題になっている。
(C) マヤ遺跡は人気の観光地になっている。
(D) マヤ寺院の今後の存亡が危ぶまれている。

解説　トピック・センテンスにあるように、「古代のマヤ寺院が酸性雨の影響で破壊されつつある」ということ。これを表している選択肢は(D)。in jeopardy「危険にさらされた」。be reliant on ...「...に頼っている、...を当てにしている」。

Q2　正解（C）

このパッセージの主題は何か。
(A) 油井によって起こる汚染　　　(B) メキシコの酸性雨問題
(C) 古代遺跡の崩壊　　　　　　　(D) メキシコの観光客過剰の問題

解説　この文章は「古代マヤ寺院が酸性雨に加えて、微生物の影響や観光バスの排気ガスで崩壊していることについて」書かれている。これを一番よく表しているのは(C)。(A)(B)については、パッセージの一部で触れられているが全体の主題とはいえない。

Q3　正解（A）

パッセージによると酸性雨は主に何によって形成されるか。
(A) 石油産業によって大気中に放出された化学物質
(B) 腐食性の微生物
(C) 遺跡の近くに駐車する観光バス
(D) ユカタンの密林内の窒素

解説　2文めに「酸性雨は、メキシコ湾に位置する多くの油田の煙突や油井から大量に排出される窒素や硫黄によって引き起こされる」とあるので、(A)が正解。選択肢ではoil-field smokestacks、oil wellsがoil industryに置き換えられている。

Q4　正解（C）

どうしていくつかの寺院は分解して移動されるかもしれないのか。
(A) より清掃しやすくするため　　　(B) 観光客により見やすくするため
(C) 貴重品の破損を防ぐため　　　　(D) 盗難から貴重な遺物を守るため

解説　パッセージ全体がマヤ遺跡の崩壊の問題について述べられており、最後の文に... move valuable pieces into museumsとあるので、「貴重品の破損を防ぐため」が正解。

Q5　正解（C）

パッセージから類推できることは以下のどれか。
(A) アメリカの油井もユカタンで汚染を引き起こしている。
(B) 魔術師のピラミッドは移築される予定だ。
(C) バスの運転手は汚染を気にしていない。
(D) 微生物は人間にとって有害である。

解説　最後から2文めに「バスはマヤ遺跡の近くに駐車して何時間もモーターを回し続ける」と書いてあることから、(C)「バスの運転手は汚染を気にしていない」と類推することができる。(A)(B)(D)についてはこれを正解にする証拠がない。

Q6　正解（A）

7行めのmuralsと最も意味が近いのはどれか。
(A) 絵　　　　(B) 物語　　　　(C) 窓　　　　(D) 書物

解説　colorful murals in the Pyramid of the Magicianとあるが、the Pyramid of the Magician は後に同格で説明されているように「寺」なので、muralsは寺の中の色彩鮮やかなものである。また次の文に、The once vivid murals depicting ancient life in Mayan timesとある。ここから、muralsはマヤ時代の古代生活が生き生きと描かれていたもの、とわかる。muralsは選択肢の中では、(A)と意味が近い。

Vocabulary »

☐acid rain	**酸性雨** 水素イオン濃度 (pH) が約5.5以下の高濃度の酸を含む雨。大気中の汚染物質に含まれる硫黄酸化物や窒素酸化物などが水分と混合して硫酸や硝酸に変化するために生ずる。
☐oil-field	**油田の、石油生産地域の**
☐smokestack	[smóukstæ̀k]（機関車・汽船・工場などの）**煙突**

☐elaborate	[ilǽbərət] **精巧な**
☐mural	[mjú(ə)rəl] **壁画**。muralist：壁画家
☐encrust	[inkrʌ́st] **皮殻で覆う** The inside of the kettle is encrusted with lime. （ヤカンの内側には石灰分が付着している。）
☐deposit	**付着物**
☐microorganism	**微生物**（バクテリアなど）
☐corrosive	[kəróusiv] **腐食性の、（精神的に）むしばむ** Poverty can have a corrosive influence on the human spirit. （貧しさは人間の精神をむしばむことがある。）
☐waste	**廃物**
☐erosion	**腐食、侵食** wind erosion（風食作用）
☐dismantle	[dismǽntl] **取り除く、分解する**＝ take apart The walls and roofs of the house have been dismantled. （その家の壁や屋根ははぎ取られていた。）

Type 2　主題[topic]／表題[title]に関する問題

　主題[topic]に関する問題は、パッセージが「何について」書かれたものかを問う問題である。主旨は「……は〜である」と文の形で書き表されるが、主題は句の形で書き表される。また、主題は主旨を反映していて、主旨と同じように、パッセージの内容を包括的にとらえているものでなくてはならない。具体的には、たとえば「喫煙は健康に害がある」が主旨であるとすると、主題は「喫煙の害（について）」といったようなものになる。また先の古代マヤ寺院に関するパッセージ（例題2）では、主旨は「マヤ寺院は酸性雨の影響で崩壊しつつある」というものであった。これに対し、主題（設問2）は「古代遺跡の崩壊」であり、主旨を反映しているものであるといえる。

　表題[title]に関する問題は、もしそのパッセージに題をつけるとしたら、どのようなものがいいかを問うものである。これも同じように、全体が包括的にとらえられているものでなくてはいけない。

　主題に関する問題には次のようなものがある。
- What is the main topic of the passage?
- What does this passage mainly discuss?

　また、表題に関する問題には次のようなものがある。
- Which of the following is the best title for the passage?
- What would be the best title of this passage?
- What is the most appropriate title for this passage?

　それではここで、表題に関して実際に問題を解いてみることにしよう。次の例題3のパッセージを読んで、まず以下に主旨を書き出し、次に1番の問題（表題に関する問題）を解いてみよう。2番〜6番の問題も忘れずに。

　例題3　のパッセージを読んで以下に記入しなさい
【主旨】：

例題 3

　　Shakespeare's play *Romeo and Juliet* made the city of Verona a household name, but the ancient Italian city has historical value that goes far beyond its famous literary connections. Historically, Verona
Line sat at an important crossroads along European trade routes. Because
5 of this value, it was conquered again and again by a long list of invaders, including the Ostrogoths, the Lombards, Charlemagne, Napoleon and the Nazis. But despite these incursions, or perhaps even because of them, the city remains home to a collection of wonderful historical structures, including its valuable Roman
10 architecture.

　　One example is Italy's third-largest amphitheater, the Arena. Like Rome's Colosseum, the Arena was used as a place for sporting events and public gladiatorial fights. However, unlike the Colosseum, Verona's amphitheater is not in ruins. In 1117, its outer walls
15 collapsed in an earthquake, but its stands and inner structure are still solid, and it is used today as a venue for concerts, operas and plays.

　　Many other Roman monuments also survive, such as a theater for staging dramas, a graceful stone bridge built over the Adige River, and the remains of two ancient Roman gates to the city. But there is
20 also a hidden wealth of Roman architecture beneath Verona's streets. The city's medieval and modern buildings conceal the foundations of many ancient structures. Paved Roman roads still exist just a few meters beneath the modern asphalt, and some private houses even have cellars that open into the foundations of Roman buildings.

Q 1

What is the most appropriate title for this passage?
(A) The Truth Behind *Romeo and Juliet*
(B) The Uses of Roman Amphitheaters
(C) Roman Architecture in the City of Verona
(D) The Medieval History of Italy

Q 2

It can be inferred from this passage that

(A) many different groups ruled over Verona

(B) Verona was a relatively unimportant city

(C) Shakespeare often visited Verona

(D) most of the city was destroyed in 1117

Q 3

What does the passage say about the Arena's stands?

(A) They are still used for audiences.

(B) They collapsed in an earthquake.

(C) They are buried beneath the city streets.

(D) They were never completed.

Q 4

Which of the following is NOT mentioned about Verona?

(A) It is located next to the ocean.

(B) It was written about by Shakespeare.

(C) It was built on a popular trading route.

(D) Its architecture is very valuable.

Q 5

What does the author imply in the final paragraph?

(A) Few people appreciate Roman architecture.

(B) Much of the city's Roman heritage is hidden.

(C) Modern buildings are better made than ancient Roman ones.

(D) Ancient Roman roads were well constructed.

Q6

The word "incursions" in line 7 is best replaced by
(A) attacks
(B) facts
(C) buildings
(D) armies

「主旨」は第1パラグラフの最後の部分 "the city remains home to a collection of wonderful historical structures, including its valuable Roman architecture." 「この都市は、貴重な古代ローマ建築を含む、一揃いの素晴らしい歴史的建造物の宝庫であり続けている」である。このパッセージでは、最初のパラグラフでヴェローナの歴史的背景に軽く触れたあと、パラグラフの最後の文でヴェローナにはローマ時代の建築が多く残されていることに言及している。続く2つのパラグラフは、ローマ時代の建築の具体例の説明になっている。

Q 1-6

対訳　　　　　　　　　　　　　　　　　　　　CD 08

　シェイクスピアの戯曲『ロミオとジュリエット』は、ヴェローナという都市の名をよく知られたものにしましたが、この古いイタリアの都市には、有名な文学とのかかわりをはるかに超えた歴史的価値があります。歴史的に、ヴェローナはヨーロッパの交易ルートに沿った重要な交差路に位置していました。この価値ゆえに、この都市は東ゴート人、ランゴバルド人、カール大帝、ナポレオン、そしてナチスなど、多くの侵略者たちによって繰り返し征服されました。こうした襲撃にもかかわらず、ことによると侵略のゆえにこそ、この都市は、貴重な古代ローマ建築を含む、一揃いの素晴らしい歴史的建造物の宝庫であり続けています。

　ひとつの例は、イタリアで3番目に大きい円形競技場アレーナです。アレーナは、ローマのコロッセオ同様、スポーツ行事や公開の剣闘勝負のための場所として使われました。しかし、コロッセオと異なり、ヴェローナの円形競技場は廃墟とはなっていません。1117年に地震でその外側の壁は崩壊しましたが、観客席や内部の構造は依然確固としていて、今日ではコンサートやオペラ、演劇のための会場として使われています。

　舞台演劇用の劇場やアディジェ川にかかる優雅な石橋、市内へと入る2つの古代ローマの門の遺跡など、他にも多くのローマ時代の遺跡が保存されています。しかしヴェローナの通りの下にも、ローマ時代の建築の富が隠れています。この都市の中世および現代の建物が多くの古代の建造物の土台を隠し持っています。現代のアスファルトのわずか数メートル下には、ローマ時代の舗装道路が今でも残っており、ローマ時代の建物の土台が見られる地下貯

蔵室を持っている個人の住宅さえあります。

Q1　正解（C）

このパッセージに最も適した表題は何か。
(A) 『ロミオとジュリエット』の背景にある真実
(B) ローマ時代の円形競技場の使用
(C) ヴェローナ市にあるローマ時代の建築
(D) イタリア中世史

解説　appropriateは「適切な」の意。このパッセージの主旨は、第1文にあるように、... but the ancient Italian city has historical value that goes far beyond its famous literacy connections. である。「表題」は「主旨」が反映され、全体が包括的にとらえられているものでなくてはならない。(A)(B)(D)はどれも主旨を反映していないし、全体が包括的にとらえられていない。(C)なら正答としてふさわしい。

Q2　正解（A）

このパッセージから類推できることはどれか。
(A) さまざまな集団がヴェローナを支配した
(B) ヴェローナは比較的重要ではない都市だった
(C) シェイクスピアはしばしばヴェローナを訪れた
(D) その都市の大部分は1117年に破壊された

解説　第1パラグラフの3文めにit was conquered again and again by a long list of invadersと書かれていることから、ヴェローナは多くの侵略者が入れ替わり統治したことがわかる。(B)(C)(D)を類推させる記述は、このパッセージにはない。

Q3　正解（A）

アレーナの観客席についてこのパッセージは何と述べているか。
(A) それは観衆のために今でも使われている。
(B) それは地震で崩壊した。
(C) それは都市の通りの下に埋められている。
(D) それは決して完成されなかった。

解説　the Arenaについて、第2パラグラフの4文めにits stands and inner structure are still solid, and it is used today as a venue for concerts, operas and playsと述べられている。したがって、(A)が正解。

Q4　正解（**A**）

ヴェローナについて言及されていないのはどれか。
(A) それは海に面した位置にある。
(B) それについてシェイクスピアが書いた。
(C) それは利用の多い交易ルート上に建設された。
(D) その建築はとても価値がある。

解説　(B)は第1パラグラフの1文め、(C)は第1パラグラフの2文め、(D)は第1パラグラフの4文めなどに言及が見られるが、(A)については言及されていない。したがって、(A)が正解。

Q5　正解（**B**）

最後のパラグラフで著者は何を暗示しているか。
(A) ローマ時代の建築を評価する人はわずかである。
(B) その都市のローマ時代の遺産の多くが隠れている。
(C) 現代的な建物は古代ローマの建物よりもよく造られている。
(D) 古代ローマの道路はよく建設されている。

解説　最後のパラグラフでは、2文めでthere is also a hidden wealth of Roman architecture beneath Verona's streetsと述べられているのに続けて、人目につく有名な建物の他、アスファルトの数メートル下や個人宅の地下室などに古代ローマの構造物がひっそりと存在していることが説明されている。したがって、(B)が正解。

Q6　正解（**A**）

7行めのincursionsと最もよく置き換えられるのはどれか。
(A) 攻撃　　　　(B) 事実　　　　(C) 建物　　　　(D) 軍隊

解説　incursionsを含む文のひとつ前の文では、歴史上ヴェローナを征服した侵略者たちのことが述べられ、それを踏まえてdespite these incursionsといっている。この文脈からincursionsは「襲撃、侵略」というような意味だとわかる。この意味に最も近いのは(A)である。

Vocabulary »»

Shakespeare	William Shakespeare [ʃéikspiər] シェイクスピア (1564-1616) イギリスの劇作家・詩人
crossroad	**交差路**、交差点
incursion	[inkə́:rʒən] **襲撃**、侵略
amphitheater	[ǽmfəθìːətər] **円形競技場**、円形劇場
gladiatorial	[glæ̀diətɔ́:riəl] **剣闘(士)の**。名詞はgladiator：剣闘士
venue	[vénjuː] **開催地、会場** venue for the 2020 Olympics（2020年のオリンピックの開催地）
medieval	**中世の**
cellar	**地下貯蔵室**

Type 3　類推 [inference]に関する問題

　文章には、ことばに表さなくても暗に意味していることがある。読者は、それらを社会通念や常識として認識したり、あるいは著者の表現から判断してその意味していることを読み取ったりする。たとえば、先の「マヤ寺院の崩壊」に関するパッセージ（例題２）に、『観光バスはマヤ遺跡の近くに駐車して何時間もエンジンをかけっぱなしにしている』という記述がある。これを読めば読者は、「マヤ寺院が崩壊されつつあるっていうのに、一体運転手は何を考えているんだろう」と思うだろう。われわれは文章を読むとき、意識しなくても何かを感じながら読んでいる。逆にいえば、パッセージの内容が理解できたというからには、言外の意味まで読み取っている必要があるのである。観光バスについての部分は、５番めに類推の問題となって出題されている。正解は《バスの運転手は汚染を気にしていない》である。本文には《バスの運転手は汚染を気にしていない》とは書いていないが、読み手にはそのように受け取れる。つまり「類推」に関する問題は、このように『　』の中の情報から《　》の中のことを読み取れるかどうかを試す問題である。

　類推に関する問題には次のようなものがある。
- It can be inferred from the passage that ...
- The author implies that ...
- The passage suggests that ...
- It is possible/likely that ...

A　結論を類推させる問題

　類推に関する問題には、パッセージ全体から著者が結論としていっていることは何かを読み取らせるタイプのものもある。その場合の問題の形式は、以下のようなものである。
- Which of the following conclusions can be drawn from the passage?
- The passage supports which of the following conclusions?

B　著者の立場を類推させる問題

　論説などで、著者は全体をとおしてどんな立場に立っているかとか、賛成の立場か反対の立場かといったことを読み取らせるものがある。先の「労働等価」に関するパッセージ「例題１」では、８番めに著者の立場を問う問題があった。著者の立場を答えさせる問題は「主旨」との関連で答えることができよう。英語は主旨に沿っ

て直線的に論述されるのだから、たとえば「喫煙は健康に害がある」というのがパッセージの主旨だとすれば、著者は「喫煙反対」の立場にあると類推できる。「労働等価」の例であれば、主旨が「労働等価とは女性も仕事の分だけ報酬を支払われなければならないという原則である。しかしそれが守られていない」とあれば、著者は「労働等価賛成」の立場にあると読み取れよう。

問題の形式は以下のようなものである。

- It can be inferred from the passage that the author is ...

C パッセージの前／後にきそうなパラグラフの内容を類推させる問題

この種の問題は、パッセージ全体の流れ [outline] がとらえられていなくては解けない。もしパラグラフに主旨がなく、例や理由ばかりが述べられているものであれば、パッセージの前にくるパラグラフは主旨を表しているものである可能性が強い。一方、主旨はあっても、それをサポートするための具体的な例や理由などが挙がっていない場合は、その例となりそうなものが続くパラグラフの内容となろう。また、パッセージの一番最初の文が前のパラグラフの内容を推測するヒントに、そして、最後の文が次のパラグラフへの橋渡しとなるヒントになるときもある。

問題の形式は以下のとおりだ。

- The previous/preceding paragraph most likely discusses ...
- The paragraph following the passage most probably discusses ...
- What is most likely to be the topic of the paragraph following this passage?

類推に関する問題は答えが本文中に書かれていないので、読者が一番難しく感じる問題である。また考えているうちに、選択肢の中の文が全部正しく思えてきてしまうこともある。そこで、正解を得るときは、消去法を用いて、答えとならないものを順番に消していく方法を取るとよい。つまり、正答にはそれを正答とする証拠となるもの（前述の『　』の部分）が必ず文中にある。だから、選択肢の中の文をひとつひとつ読んでいき、それを正答にできる証拠があるかどうかをチェックし、もしなければ消して、残ったものを正解にすればよいのである。

それでは、ここで類推に関する問題を実際に見てみることにしよう。次のページの「例題４」のパッセージを読んで、１番から７番の問題に答えなさい。ここでは２番と４番の問題が類推に関する一般的な問題、６番が A 結論を類推させる問題、７番が C パッセージの前にきそうなパラグラフの内容を類推させる問題、である。

例題 4

　　Most people think that fish and whales make up most of the biomass, the amount of living matter, in the ocean. But they are not even worth considering. The tiny animals are much more important.
Line
 5　Scientists were surprised when they discovered that the world's oceans are teeming with unexpectedly large numbers of viruses. Powerful electron microscopes have revealed that as many as one billion viruses float in a teaspoon of seawater. They may be the most influential members of the ocean ecosystems. The viruses exert their influence by attacking aquatic bacteria. Oceanographers used to
 10　think that these bacteria formed the first link in the food chain when they were eaten by slightly larger animals called protozoa. The chain then continued with larger and larger creatures, to end with large fish and marine mammals. Now, however, it seems more likely that the bacteria populations are kept under control by the marine viruses.
 15　This in turn limits the growth of protozoa populations, and the effects continue up the food chain.

Q 1

Which of the following is the best title for this passage?
(A) The Importance of the Ocean Food Chain
(B) Protozoa and Viruses of the Oceans
(C) Biomass in the Oceans
(D) A Surprising Discovery in the Oceans

Q 2

Which of the following can be inferred from the passage?
(A) Fish and whales account for most of the biomass in the oceans.
(B) Scientists suspected the presence of such numbers of viruses.
(C) Protozoa, bacteria, and viruses make up a large part of the oceans' biomass.
(D) Fish and shrimp eat the viruses.

Q 3

According to the passage, which of the following is believed to control the numbers of bacteria?

(A) Aquatic bacteria
(B) Viruses
(C) Protozoa
(D) Small fishes

Q 4

We can infer from the passage that some of the last members in the food chain of the ocean are

(A) marine viruses and aquatic bacteria
(B) aquatic bacteria and protozoa
(C) fish and shrimp
(D) sharks and whales

Q 5

According to the passage, a food chain is

(A) the area where animals feed
(B) the food of the animals
(C) the relationship of animals eating one another
(D) when protozoa eat bacteria

Q 6

Which of the following conclusions can be drawn from the passage?

(A) Many fish depend upon viruses for their sustenance.
(B) Some bacteria are slightly larger than protozoa.
(C) More powerful electron microscopes need to be developed.
(D) An overabundance of viruses would lead to a smaller fish population.

Q7

The paragraph preceding the passage most probably discusses
(A) several types of larger aquatic animals
(B) recently discovered marine viruses
(C) a classification of ocean ecosystems
(D) plant life in the world's oceans

Q1-7

対訳

◎ CD 09

　ほとんどの人は、海のバイオマス、つまり生物量の大半は魚とクジラだと考えています。しかし、これらはとるにもたりません。小さな生物はもっと重要です。科学者たちは世界の海が予想もしないほど多くのウイルスに満ちていることを発見して、驚嘆しました。ティースプーン1杯の海水の中に10億ものウイルスが漂っている様子を、強力な電子顕微鏡がとらえたのです。彼らこそ、海の生態系の最も影響力のある一員であるのかもしれないのです。ウイルスは水生バクテリアを攻撃することでその影響力を発揮します。かつて海洋学者たちは、これらのバクテリアはそれより少し大きい原生動物に食べられることで、食物連鎖の最初の輪を形成すると考えていました。食物連鎖はこうして次々とより大きな生物に引き継がれ、最後に大型魚や海洋性ほ乳類に至るというのです。しかし現在では、バクテリアの数は海のウイルスによって制御されていると考えるほうがより妥当でしょう。それがまた、原生動物の増加を抑制し、その効果が食物連鎖に次々と伝わっていくのです。

Q1　正解　(D)

このパッセージの表題として最もふさわしいのはどれか。
(A) 海の食物連鎖の重要性　　　(B) 海の原生動物とウイルス
(C) 海の中の生物量　　　　　　(D) 海における驚くべき発見

　解説　このパッセージの主旨は「人は一般に、海の生物といったら魚とクジラでいっぱいだと思っているかもしれないが、科学者は、海には無数のウイルスがいることを発見した」というのだから、表題(title)としては選択肢の中では(D)が一番適切だろう。

Q2　正解（C）

パッセージから類推できることは以下のどれか。
(A) 魚とクジラは海の中の生物量の大半を占めている。
(B) 科学者たちはそのような数のウイルスの存在を疑わしく思った。
(C) 原生動物やバクテリア、ウイルスは海洋の生物量の大部分を構成している。
(D) 魚とエビはウイルスを食べる。

解説　文中に「海は予想もできないほどウイルスに満ちていて（ティースプーン1杯に10億ものウイルスがいる）、それがバクテリアの繁殖を抑え、原生動物の増加を抑制している」とある。このような記述から、(C)を類推できる。(A)は誤り。(B)(D)はそれを正答にする証拠が文中にない。

Q3　正解（B）

パッセージによると、以下のどれがバクテリアの量を制御していると信じられているか。
(A) 水生バクテリア　(B) ウイルス　(C) 原生動物　(D) 小型魚

解説　最後から2文めに「バクテリアの数は海のウイルスによって制御されている」とある。

Q4　正解（D）

パッセージから、海の食物連鎖における最後の生物は何であると類推できるか。
(A) 海のウイルスと水生バクテリア　(B) 水生バクテリアと原生動物
(C) 魚とエビ　(D) サメとクジラ

解説　最後から3文めに「食物連鎖が次々とより大きな生物に引き継がれ、最後に大型魚と海洋性ほ乳類に至る」とある。この部分から、現在考えられる大型魚と海洋性ほ乳類を挙げると(D)「サメとクジラ」と類推することができる。

Q5　正解（C）

パッセージによると、food chain（食物連鎖）とは何か。
(A) 動物がえさを食べる場所　(B) 動物のえさ
(C) 動物がお互いを食べる関係　(D) 原生動物がバクテリアを食べるとき

解説　パッセージの8～9文め付近をよく読んでみると、food chainが(C)「動物がお互いを食べる関係」を意味することがわかる。(A)(B)(D)はいずれも該当しない。

Q6　正解　(D)

パッセージから引き出すことのできる結論は以下のどれか。
(A) 多くの魚はその滋養物をウイルスに頼っている。
(B) いくつかのバクテリアは原生動物よりも若干大きい。
(C) もっと強力な電子顕微鏡が開発される必要がある。
(D) ウイルスの過剰は魚の数の減少をもたらすだろう。

解説　パッセージの最後のふたつの文に、「バクテリアの数は海のウイルスによって制御されている。それがまた、原生動物の増加を抑制し、その効果が食物連鎖に次々と伝わっていく」とある。ここから、(D)の結論を導き出せる。ウイルスが過剰だとバクテリアの数が減り、するとバクテリアを食べる原生動物が減り、さらに原生動物を食べる魚が減ってしまう、ということである。

Q7　正解　(A)

パッセージの前にくるパラグラフはおそらくどのような内容か。
(A) いくつかのより大きな海洋動物の種類　(B) 最近発見された海のウイルス
(C) 海の生態系の分類　　　　　　　　　　(D) 世界の海の植物の生態

解説　(B)や(D)では、このパッセージとの関連がなくなってしまう。また、(C)では、このパッセージの前にくるものとしては議題が大きすぎる。パッセージの1文めは、Most people think that fish and whales make up most of the biomass, the amount of living matter, in the ocean. とある。ここから、この前のパッセージは、fishやwhalesなど、(A)「いくつかのより大きな海洋動物の種類」について書かれていると考えられる。したがって正解は(A)。

Vocabulary >>>

biomass	[báioumæs] **生物量**（生物の現存量）
teem	〈人・動物などが〉〔場所に〕**満ちる**
virus	[vái(ə)rəs] **ウイルス**
electron	**電子**
microscope	**顕微鏡**
reveal	**明らかにする**、示す
ecosystem	[ékousìstəm] **生態系**
exert	[igzə́ːrt] **用いる**、働かせる、及ぼす exert all one's powers（全力を尽くす）
aquatic	[əkwǽtik] **水生の**、水生動物、水生植物

bacteria	[bæktí(ə)riə] バクテリア、細菌
oceanographer	[òuʃənágtəfər] 海洋学者
food chain	**食物連鎖** AはBに、BはCにというように一般に小なるものがより大なるものに順次食われるという生物食性の関連
protozoa	[pròutəzóuə] **原生動物**(単細胞性の動物)
mammal	[mǽməl] **ほ乳動物**

Type 4 詳説[supporting facts/details]に関する問題

　前にも述べたように、詳説[supporting facts/details]とは著者が自分のいいたいこと（主旨 = main idea）をサポートするために挙げる例であり、パッセージの内容によって原因であったり、結果であったり、あるいは過程や理由であったりする。TOEFLの読解問題は、この部分を問題にしているものがほとんどを占める。だから全体の流れをつかむと同時に、個々の事例まで理解できていなくてはならない。しかし、詳説は本文中にはっきりと表されているので、類推に関する問題ほど難しくはない。ただ、選択肢の中では、用語が文中のものとは書き換えられて（paraphrase されて）いる場合が多い。その場合、文法と語彙は変わってくるが、基本的な意味は変わらない。

　詳説に関する問題には次のようなものがある。

- According to the passage ...
- What does the author say about ...
- The passage/author states that ...
- Which of the following statements is true about ...
- Which of the following is NOT true about ...
- All of the following are mentioned EXCEPT ...
- Which of the following is NOT supported by ...

　最後の3つは、supporting facts/detailsとして挙がっていないものを選択肢の中からひとつ選ぶ問題である。この種の問題では、文中に挙がっているものをひとつひとつ消していき、残ったものを正解にするやり方を取ると混乱しない。最初の4つは文中に例として挙がっているものを選ぶ問題である。

　それではここで、"EXCEPT" とある問題に慣れるために、以下の問題を実際に解いてみることにしよう。ここでは2、3番がEXCEPTとある問題だ。

例題 5

　　Fish have evolved, over a period of 400 million years, an amazing variety of special adaptations to the different environments in which they live. Some of the deep-sea fish — those that live at least 3,000m
Line down in the abyssal depths — display the strangest shapes. In
　5　contrast the tropical fish of the coral reefs have some of the most brilliant coloring to be found anywhere in the animal kingdom. Each

peculiarity, ugly or beautiful to the human eye, has its own significance to the fish and is the result of the adaptations each fish has made to survive in its environment.

10   Deep-sea fish, for example, have two special problems: the high density of water more than 180m down, which they overcome by having a lightweight skeleton; and the darkness, which, for many, is coped with by having special organs that emit light. The light serves two functions: it allows them to attract other fish, which they then
15 eat; and it also attracts members of the same species and opposite sex.

    The tropical fish, on the other hand, use their brilliant colors to attract the opposite sex. These colors serve other purposes as well. Some fish are striped for camouflage to help them hide in the coral
20 reefs. The forceps fish has false "eyes" near its tail to confuse larger fish that might otherwise eat it.

Q 1

What is the main topic of this passage?
(A) How fish attract other fish
(B) How fish have adapted to their environments
(C) Deep-sea and tropical fish
(D) Fish shapes and colors

Q 2

According to this passage, deep-sea fish have adapted to their environments in all of the following ways EXCEPT
(A) the shapes of their bodies
(B) their bone structure
(C) their ability to produce light
(D) their diet

Q3

The coloration of tropical fish serves all of the following functions EXCEPT

(A) to warn other fish of danger
(B) to attract other fish of the same species
(C) to scare away other fish that might eat them
(D) to help the fish hide from its enemies

Q1-3

◎ CD 10

対訳

　魚は4億年にわたって、異なる生息環境への驚くほど多様で特別な適応法を発達させてきた。深海魚(水深が最低3000メートルの深海にすむ種類)の中には、最も奇妙な形態をしているものがある。これとは対象的に、珊瑚礁の熱帯魚は、動物王国のいたるところで見られる、最も鮮やかな色彩のいくつかを身につけている。人間の目には醜いとか美しいとか映るこうした特色は、それぞれがその魚にとって独自の重要性をもっており、その魚がその環境の中で生き残るために生み出した適応の結果なのである。

　たとえば深海魚には、ふたつの特殊な問題がある。ひとつは水深180メートル以上における水の高密度で、これは軽い骨格をもつことで克服している。もうひとつは暗さで、これには光を放つ特殊な器官を備えることで対処している。この光はふたつの点で役に立つ。ひとつは、えさとなる他の魚をおびき寄せる効果、もうひとつは同種の魚やその異性を引きつける効果だ。

　これに対して、熱帯魚はその鮮やかな色彩を異性を引きつけるのに使う。これらの色彩には別の目的もある。熱帯魚の中には、珊瑚礁の中に身を隠すのに役立つ、カモフラージュ用の縞があるものがある。鉗子魚には尾びれの近くに偽物の「目」があり、それがなければ自分を食べてしまうかもしれない、より大きな魚をごまかすのである。

Q1　　正解（**B**）

このパッセージの主題は何か。
(A) 魚は他の魚をどのように引き寄せるか
(B) 魚はどのように環境に順応してきたか
(C) 深海魚と熱帯魚
(D) 魚の形と色

　解説　このパッセージの主旨は「魚は4億年にわたって、異なる環境へ適応す

るための、さまざまで特別な方法を発達させてきた」ということである。そしてこの後に具体例が続いている。よって、(B)が正解。(A)(D)は詳説の一部。(C)は主題として広すぎる。

Q2　正解（D）

このパッセージによると、深海魚が生息環境に順応してきたやり方ではないのは以下のどれか。
(A) 身体の形　　　(B) 骨組み　　　(C) 光を作る能力　　(D) 食生活

解説　パッセージに挙がっている例をひとつひとつ消していくと、まず(A)に関しては、第1パラグラフの2文めにSome of the deep-sea fish ... display the strangest shapes.とある。(B)に関しても、第1パラグラフの1文めthey overcome by having a lightweight skeletonとある。また、(C)に関しても、同じ文にthe darkness ... is coped with by having special organs that emit lightとある。しかし、(D)に関しては環境に順応してきたかどうかは書かれていない。よってこれが正解。

Q3　正解（A）

熱帯魚の彩色が果たす機能ではないのは以下のどれか。
(A) 他の魚に危険を警告すること
(B) 同種の他の魚を引き寄せること
(C) 自分を食べるかもしれない他の魚を追い払うこと
(D) 敵から身を隠すのに役立つこと

解説　文中に挙がっている熱帯魚の彩色の機能をひとつずつ消していく。(B)(C)(D)はそれぞれ第3パラグラフで述べられている。しかし、(A)についてはない。

Vocabulary »»

adaptation	**適合**、適応。動詞はadapt：適合させる、適合する。 類語：adjust（adaptは新しい状況に合うように柔軟に改変する；adjustはふたつのものの比較的小さい違いを技術または計算・判断によって調節する） You will soon adapt to this new life. （すぐにこの新しい生活に慣れるでしょう。）
abyssal	[əbísəl] **深海の**、深海底の
coral	[kɔ́ːrəl] **珊瑚**。coral reef：珊瑚礁
brilliant	**光り輝く**、〈色が〉鮮明な
peculiarity	**特有**、独特、特性

significance	重要、意味、意義
skeleton	**骨格**
emit	〈光、熱などを〉**放射する**、〈音、声などを〉発する
species	(動植物分類上の)**種(しゅ)**
striped	**しま[筋]のある**
camouflage	[kǽməflàːʒ] **ごまかし**
forceps	[fɔ́ːrsəps] **鉗子**(かんし)、ピンセット、《エビ、カニ、ザリガニなどの》はさみ

Type 5　語彙に関する問題

　TOEFL の読解問題では、語彙に関する問題がひとつのパッセージに必ず２～３問出題される。文中の語と最も意味が近い語を選択肢から選ぶ形式で、本質的には同義語を答えさせる問題である。パッセージという文脈があるので、たいていの問題は文脈を利用して意味を推測できる。

　問題の形式は次のようなものである。

- The word_____in line XX could best be replaced with ...
- The word_____in line XX is closest in meaning to ...
- The phrase_____in line XX is closest in meaning to ...

　ここでは、これまで本章の例題に出てきた語彙問題を中心に、どのような語彙が問題となっているかを概説しよう。

語彙問題を解くカギは「文脈」にある

　例題２「マヤ寺院の崩壊」(The ancient Mayan temples ...)では、７行めのmurals の意味に近い語を選択肢の中から選ぶ問題が出ている（設問６）。この語の意味は、mural という語が使われている文からは推測しにくいかもしれない。しかし、９行めを見ると、The once vivid murals depicting ancient life in Mayan times ... と murals が再び登場し、しかも depicting が murals の意味を推測する大きなヒントになっている。

　また、例題３「ヴェローナの歴史的建造物」(Shakespeare's play *Romeo and Juliet* ...)の設問６も、７行めの incursions と置き換えられる語を選択肢から選ぶ問題である。この単語自体はやや難しいかもしれないが、直前に these がついていることから直前の文を探すと、conquer、invader といった語が見つかる。これらの語をヒントに文脈をたどると (A) attacks が最も意味が近いことがわかるのである。

　このように、意味を推測するヒントは文中のどこかに隠されている場合が多い。語彙の問題はヒントを見つけながら解答しよう。

文脈中の意味を答えさせる問題には要注意

　例題１「男女労働等価」(Comparable worth ...)には語彙の問題が３問出てきた。ひとつめは２番で、２行めの argue と最も意味が近い語を選択肢から選ぶ問題である。argue は、「議論する、論争する」という意味が一般的だが、文脈によっては、(a)「〈... を〉主張する」とか、(b)「〈ものごとが〉〈... であることを〉示す」という意味にもなる。Columbus argued that the earth must be round. といえば、「コロンブスは地球は丸いに違いないと主張した」で、argue は (a) の意味になる。一方、Her victory argued her emotional strength. といえば「彼女の勝利は彼女の精神力を示していた」で、argue は (b) の意味になる。例題１のパッセージの中では argue は、(a) の意味で使われており、この場合、選択肢の中では、(C) contend と同義である。文中の argue の意味が「主張する」であることは、文脈より判断できるが（問題の解説参照）、TOEFL にはこのように、与えられた文脈での意味を答えさせる問題が多い。

　また、３番めの設問は、６行めの revealing と置き換えられる語を選択肢の中から選ぶ問題である。reveal は「暴露する」という意味の動詞であるが、A more revealing study の中の revealing は形容詞である。ここで revealing を「露出する」とすると、「露出する研究」となり意味がとおらなくなる。ここでは、revealing は「啓発的な」とか「意味深い」という意味で使われているのである。これも、先の argue と同様、与えられた文脈での意味が問われている。

選択肢の単語が難しい場合もある

　例題１「男女労働等価」の４番めの設問は、15 行めの valued の意味を問うものである。これは基礎的な語で、意味も文脈より類推できるし、また与えられた文脈での意味を問うタイプのものでもない。しかし、問題となっている語がやさしい語であっても選択肢の中の語が難しいという場合もある。その場合は、選択肢の単語を知っているものから文に当てはめていき、意味がとおらないものを消去していく方法を取るといいだろう。

[4] 語彙対策で得点アップ

TOEFLで高得点を取るためには、どんな語をどのように勉強するのが効果的だろうか。ここでは、語彙力をどのようにしてつけたらよいのか説明しよう。

Tip 1 　覚えるべき語、覚えなくてよい語

　TOEFLのSection 3の読解問題で必要な語彙は、基本的に高校・大学の授業や教科書などに出てくるような教養語である。それも、社会科学に関するものから自然科学に関するものまで幅広く知っている必要がある。なじみの薄い分野の読解は難しく感じることがあるが、「語彙」の問題として出題される語は、その科目の専門的内容と直接関係があるわけではなく、一般的に使用範囲の広い語が多い。品詞に関しては、名詞、形容詞、動詞、副詞がそれぞれ平均的な数で出題されている。

　それでは、反対に、どのような語は覚えなくてよいのだろうか。TOEFLのパッセージには、一般に、標準的でない語、方言、古語、俗語、専門領域に関する語、口語、英語から見た外国語などは使われない。また、これらが「語彙」の問題となって出題されることもない。新しく出くわした語がこれらの語類に属するかどうかは、辞書を見るとわかる。辞書には、たとえば日常会話を中心としたくだけた感じの語には《口語》の、地方独特の語には《方言》の、俗語には《俗》のマークがついている。また専門語、あるいはその専門領域で特別な意味をもつものは、その分野名が、《医》医学、《工》工学、《植》植物などのように示されている。一般的に、そのようなマークのある単語は覚えなくてもよい。ただし、その主要な意味を覚えておく必要のある単語もある。

　たとえば、invert [invə́ːrt]という語は「逆にする、転倒させる」という意味の動詞であるが、[ínvəːrt]となると名詞で、「《建》逆アーチ、《化》転化、《医》(性的)倒錯者、同性愛者」という意味がある。この場合、動詞のほうの意味は覚えておく必要があるが、名詞のほうの専門分野における意味を覚える必要はない。語そのものが専門用語である場合は、覚える必要はない（本書では、参考のため、そのような専門用語でも解説を載せてある）。

Tip 2 語彙の問題に関して知っておくべきこと

　TOEFLでは、問題となっている語の品詞が名詞であれば、選択肢の中の語もすべて名詞というように、品詞はすべて統一されている。したがって、文法を頼りに解答を得ることはできない。

Tip 3 語彙力をつけるには

　さて、語彙力はどのように伸ばしたらよいだろうか。これに対する答えとしては、「多読」しかない。読み物の種類、あるいは目的に応じて、たくさんのものを「精密読み（精読）」(Intensive Reading)したり、「広範読み」(Extensive Reading)したりして、とにかく英語に接する機会を多くすることである。

　「精密読み」をするときは、辞書を片手に語の意味や発音までも徹底的に調べながら読むようにしたい。辞書は英英辞典をできるだけ活用し、意味がはっきりつかめない、あるいは日本語で「適訳」が見つからない場合は、英和辞典も引くようにする。このような徹底した読み方をし、さらにカードやノートに記録しておく場合には、語彙の意味だけではなく、類義語や反意語、例文なども一緒に書き記しておくことである。これは努力を要するが、日本人で日本語が母語でありながら、かなり英語力があるといわれる人は、皆このような努力を経てきている。また、このような読み方は「読解力」の養成にも役立つものだ。

　一方、「広範読み」をする場合は、辞書の存在はできるだけ忘れ、娯楽と考えて、楽しみながらたくさん読み進むようにする。その場合、読む分量や読み終える時期などを決めて取りかかるとよい。また、雑誌や新聞などを走り読みし、面白い記事を見つけたら、それを切り抜いて「精読」し、重要な語にラインマーカーなどで色ぬりして繰り返し読むようにすると、覚えやすく忘れにくい。

Tip 4 「精読」と「広範読み」

　何を「精読」、あるいは「広範読み」するかは、各自の英語力と興味によって決めればよい。とりあえず、TOEFLの得点が500点を超えている人、600点に近い人には、TOEFL対策を目標とした勉強を越えて、雑誌TIMEやNewsweekなどを教材に「精読」したり、「広範読み」したりすることをすすめたい。しかし、得点が500点に満たない人はまず、得点を伸ばすことが第一の目的であろうから、時事問題を扱ったTIMEやNewsweekなどよりも、もっとTOEFLに即した読み物がよいだろう。TOEFLはアメリカやカナダで大学生活を営むうえで必要な英語力を試すものであり、読解用のパッセージも大学の講義や教科書に出てくるような題材が主なのだから、教科書を読むのもひとつの方法である。いわゆる Introduction to ...（『……入門』）といった入門書は、語彙力、読解力を養成するばかりではなく、教養を高めるうえでも役に立つ。先に述べたように、われわれが高校で使う教科書の英語版、つまりアメリカの高校生が勉強する教科書も、図説が多くわかりやすい。特にアメリカの歴史や地理、政治経済関係、生物、地学などの教科書は、広範読み用の教材としておすすめできる。

　TOEFL対策にすぐに役立ちそうな「精読用の教材」はこれといってないが、市販のTOEFL問題集を精読用に使うのもひとつの方法である。TOEFLについてまだ何も知らない人や得点が伸び悩んでいる人には、ていねいにわかりやすく解説してある教材をまず徹底的に勉強することをおすすめしたい。

　身近にある雑誌や新聞、ウェブサイトから250語程度の適当な記事を選んで「精読」することもできる。精読した内容あるいはそれに関連した内容についてもっと詳しく知りたいという場合は、関連分野の本を1冊買ってきて「広範読み」するのもよいだろう。

　選んだ記事をノートにまとめて書き記す代わりに、語彙や用法、さらに記事そのものまでも自分で読み上げて録音し、耳で覚えるようにするのもひとつの方法である。耳から覚えようというのだから、発音やアクセントなどは正確でなければならない。しかし、その分努力もするだろうし、自分で吹き込んで作成した「教材」だから楽しく、記憶もしやすいだろう。

Tip 5 　接頭辞 (prefix)・接尾辞 (suffix)・語根 (root)

　語彙数を増やしたり、未知の語の意味を推測できるようにしたりするには、接頭辞、接尾辞、そして語根を覚えることである。たとえば、以下【A】に挙げる語は、同じような連鎖（in-、com- (con-)、de-、re-、cur、fer、tain、-ence、-mentなど）がいろいろと組み合わさってできている。

【A】

incúr(sion)	concúr(rence)	recúr(rence)	occúr(rence)
infer(ence)*	confer(ence)*	refer(ence)*	óffer
díffer(ence)			
attáin(ment)	maintáin	retáin	obtáin
contáin(ment)	sustáin		

（注）カッコ内は名詞。* の動詞は第2音節 (inférに、名詞は第1音節 (ínference)にアクセントがつくもの。

　この in-、re- など語頭につくものは「接頭辞 (prefix)」といわれ、語の前について語の意味や機能を変える働きがある。一方 fer、cur は「語根 (root)」といわれ、意味のうえからそれ以上に分解することのできない要素である。また、-ence、-ment などは「接尾辞 (suffix)」といわれ、品詞を変える役目をする。

　たとえば、仮に以下【B】に挙げる接頭辞や接尾辞、語根の意味を知っていたら、【A】の中で confer、conference、recur、recurrence、refer、reference、concur、concurrence、contain、retain などの語句の意味を【C】のように推測することが可能で、しかも記憶にとどめやすくなるはずだ。

【B】

COM- (= together)	FER (= to carry)	-ENCE　名詞を表す語尾
RE- (= again, back)	CUR (= to run)	TAIN (= to hold)

【C】

confer	COM (= together) + FER (= to carry)	「協議する」
conference	-RENCE（名詞を表す語尾）	「協議、会議」
recur	RE (= again) + CUR (= to run)	「再発する、回想する」
recurrence	-RENCE（名詞を表す語尾）	「再発、回想」
refer	RE(= back) + FER (to carry)	「言及する」
reference	-RENCE（名詞を表す語尾）	「言及」
concur	COM (= together) + CUR (= to run)	「(意見などが) 一致する」
concurrence	-RENCE（名詞を表す語尾で）	「一致、同意」
contain	COM (= together) + TAIN (= hold)	「含む」
retain	RE (= back) + TAIN (= hold)	「保持する」

　このように、接頭辞・接尾辞・語根を覚えることで、その組み合わせにより語彙を増やすことができる。参考までに【C】で説明できなかった【A】の中の語彙の意味を以下に記しておくので、これから挙げる接頭辞や接尾辞、語根を参考にしながら覚えておいてほしい。

incur	「(怒り・非難などを) 招く」		
incursion	「(突然の) 侵入、襲撃」		
occur	「引き起こす」	occurrence	「発生、事件」
infer	「推論する」	inference	「推論」
differ	「異なる」	difference	「違い」
offer	「申し出 (る)」		
attain	「到達する」	attainment	「到達」
maintain	「維持する」		
obtain	「手に入れる」	sustain	［支える、耐える］

Tip 6 語彙を増やす

ここに接頭語や接尾語、語根を使って楽しく覚えられる語彙を載せておこう。assimilation「同化」によって形が変わる例もある。

接頭語 (prefix)

接頭辞	意味	例
AB-	from, away from 〜から離れて	abrupt [**AB** + RUPT(to break)]不意の abstain [**AB** + TAIN(to hold)]控える
AD-	toward, to, at 〜に(向かって)	admit [**AD** + MIT(to send)]認める adore [**AD** + ORA(to speak)]あがめる
DIS-	apart, parting from 〜から離れて	dissect [**DIS** + SECT(to cut)]解剖する dismiss [**DIS** + MIT(to send)]解雇する
EX-	out of, away, beyond 〜の外へ、〜を越えて	exhale [**EX** + HAL(to breathe)]息を吐く exclude [**EX** + CLUD(to close)]除外する
COM-	together, with 〜と一緒に	compete [**COM** + PET(to seek)]競う composition [**COM** + PON (to place)]構成
DE-	down 下へ	decline [**DE** + CLIN(to lean)]断る detract [**DE** + TRACT(to draw)]減じる
EN-	into, in, on 〜の中へ	encourage [**EN** + courage]勇気づける enslave [**EN** + slave]奴隷にする
IN-	i) into, in, on, upon 〜の中へ	inspire [**IN** + SPIR(to breathe)]鼓舞する invoke [**IN** + VOC(to call)]引き起こす
	ii) not 〜でない	indefinite [**IN** + definite]不明瞭な incompetence [**IN** + competence]無能力
PRE-	before 前に〜	predict [**PRE** + DICT(to say)]予言する precede [**PRE** + CED(to go)]先に立つ
PRO-	forward, for 〜に向かって	proceed [**PRO** + CED(to go)]続ける produce [**PRO** + DUC(to lead)]生産する
RE-	i) back 〜の後ろへ	recede [**RE** + CEDE(to go, move)]退く reflect [**RE** + FLECT(to bend)]反射する
	ii) again 再び	recur [**RE** + CUR(to run)]再発する renovate [**RE** + NOV(to make new)]修復する
SUB-	under 〜の下へ	subscribe [**SUB** + SCRIBE(to write)]署名する suburb [**SUB** + URB (city)]郊外

UN-	i) not 〜でない	unkind [**UN** + kind]不親切な unreasonable [**UN** + reasonable]理性的でない
	ii) opposite act 〜と反対の	uncover [**UN** + cover]暴露する unlock [**UN** + lock]鍵をあける

接尾語 (suffix)

接尾辞	意味	例
▶ 名詞をつくるもの		
-ness	性質、状態	nimbleness「動きのすばやいこと」
-al	行為・過程、〜すること	arrival「到着」、refusal「拒絶」
-ty	状態・性質・程度	proximity「近接」、safety「安全」
-ment	動作、結果、手段、状態	punishment「処罰」
-ion	動作(の結果)、状態	progression「前進」
-ism	行動、状態、主義、学説	capitalism「資本主義」
-ist	〜主義者、〜する人	pessimist「悲観主義者」
-logy	学問、学説、ことば	physiology「生理学」、eulogy「賞賛」
-or, -er, -eer, -ier	動作をする人、物	emancipator「解放者」
-an, -ian, -ite, -er	〜に属する人	Anglican「英国国教徒」
-age	集合、状態、動作	storage「貯蔵」、bondage「束縛」
-ance, -ence	行動、状態、性質	eminence「身分が高いこと」
-ure	動作(の結果)、過程	censure「非難」、failure「失敗」
-ship	状態、資格、地位、能力	worship「崇拝」
-hood	性質、状態、身分、境遇	likelihood「可能性」
▶ 動詞をつくるもの		
-en		enlighten「啓発する」、frighten「恐がらせる」
-ize		rationalize「合理化する」、authorize「権限を与える」
-(i)fy		fortify「強化する」、purify「精製する」、ratify「批准する」
-ate		aggravate「悪化させる」、confiscate「没収する」
▶ 形容詞をつくるもの		
-able, -ible	〜できる	legible「読みやすい」
-ive	〜の傾向がある	extensive「広範な」、incisive「鋭敏な」
-ent, -ant		prevalent「流行りの」 reluctant「いやいやながらの」
-ful	〜でいっぱいの	scornful「軽蔑的な」、sorrowful「悲しそうな」
-ic, -ical		equivocal「あいまいな」、prolific「多産の」
-less	〜のない	reckless「無謀な」、sightless「目に見えない」

-ish		sluggish「不活発な」、snappish「怒りっぽい」
-al		impartial「公平な」、mutual「相互の」
-ate		intricate「複雑な」 desolate「(土地などが)荒れ果てた」
-tious, -ious, -ous		luminous「光る」、obsequious「こびへつらう」
-like	～のような	childlike「子どもらしい」、warlike「好戦的な」
-ary		contemporary「現代の」、arbitrary「任意の」
-ly		surly「無愛想な」、unlikely「ありそうもない」

語根 (root)

語根	意味	例
AUD	hear, listen	audible「聞こえる」、audience「聴衆」
CAP, CAPT	take, hold	captive「捕らわれた」、capture「捕らえる」
CED, CESS	go, yield	accede「応ずる」、proceed「続ける」、recede「退く」 concede「認める」
CLIN	lean, bend	decline「傾く、断る」、incline「気が向く」
CLUD	close	include「含む」、exclude「除外する」 seclude「隔離する」、conclude「終了させる」
COR, CORD	heart	accórd「一致する」、concórd「調和、一致」 record「記録する」、díscord「不一致」
CRED	believe	credible「信用できる」、credulous「だまされやすい」 creditable「賞賛に値する」
CUR, CURS	run	cúrrency「流通貨幣」、cúrsory「急ぎの」
DICT	speak, say	contradíct「否定する」、predíct「予言する」
DUC, DUCT	lead, bring	induce「引き起こす」、seduce「誘惑する」 deduce「推論する」、produce「生産する」 introduce「紹介する」、condúct「指揮する」
FER	carry, bear	fértile「肥沃な」、transfer「移動する」 ferry「フェリーボート」、prefer「好む」
FORM	shape	conform「従う」、reform「改良」 deform「形を悪くする」、úniform「同形の、制服」
FORT	strong	fortitude「剛勇」、forceful「強力な」
GRAPH	write	áutograph「署名」、paragraph「段落」 geógraphy「地理学」、biógraphy「伝記」
JECT	throw	injéct「注射する」、rejéct「拒否する」 project「投げ出す」、eject「追い出す」
LOC	place	állocate「割り当てる」、díslocate「脱臼する」

109

MITT, MISS	send	admít「認める」、emít「放射する」、submít「提出する」 transmít「送る」、omít「省く」
PELL, PULS	drive	compél「強いて〜させる」、expél「追放する」 ímpulse「衝動」、repél「追い払う」
PON	place, put	compose「創作する」、dispose「捨てる」 expose「暴露する」、impose「課する」
RUPT	break	corrúpt「脱落した」、erúpt「爆発する」 rúpture「破裂」、interrúpt「邪魔する」
SCRIB, SCRIPT	write	describe「描く」、subscribe「署名する」
SEQU, SECUT	follow	séquel「続編」、consécutive「連続した」
SERV	keep	conserve「保存する」、preserve「保護する」 reserve「予約する」、observe「観察する」
SPEC, SPECT	look, appear	spécimen「見本」、prospect「見込み」 inspéct「検査する」、specious「見かけ倒しの」
SPIR	breathe	aspire「熱望する」、inspire「鼓舞する」 conspire「陰謀を企てる」、perspire「汗をかく」
SUM, SUMPT	take	assume「推測する」、presume「推定する」 resume「再開する」、consume「消費する」
TAIN	hold	contain「含む」、retain「保持する」 maintain「維持する」
TRACT	draw	attract「引きつける」、detract「減じる」 subtract「控除する」、contráct「契約を結ぶ」
VERT, VERS	turn	invért「逆にする」、pervért「誤用する」 convert「転換する」、revert「逆戻りする」

注：以上には日本語訳をつけてあるが、この訳はあくまでも「訳」であり、文脈によってその「意味」も変わってくる。単語を勉強するときは、「語義」をおさえる必要がある。そして、その語義を頭に植えつけ、日本語に訳す必要があるときに文脈に応じて適当な日本語を当てはめるのである。

（例）revert
「語義」　　... to turn back [RE (back) + VERT (turn)]
「訳語」　　（もとの習慣・状態に）帰る、逆戻りする
　　　　　　（もとの話題に）戻る、（もとの問題を）再び考える
　　　　　　（不動産などが〜に）復帰する
　　　The country has reverted to a wild state.
　　　（その国は荒廃に戻ってしまった）
　　　If you die without heirs, your property will revert to the State.
　　　（相続者がなく死亡すれば財産は州の所有に帰する）

Tip 7　分野ごとに関連させて覚える

　単語を効率よく覚えるまた別の方法に、分野ごとにまとめるやり方がある。たとえば、経済や政治関係の用語をひとまとめにしたり、語義を中心に同意語／反意語にまとめたり、感情表現を一緒にして覚えたり、道具をひとまとめにして覚えるなどの方法だ。この場合は和英辞典が役に立つ。たとえば、研究社の『ライトハウス和英辞典』の「学校・教育」の囲みを見ると、アメリカやイギリスの学校制度から学年の呼び方、講座、科目についての英語など、ていねいな解説がついている。これらは以下のようにまとめておくことができよう。

compulsory education	「義務教育」
postgraduate school=graduate school	「大学院」
graduate student	「院生」
undergraduate student	「学部学生」
degree	「学位」
be granted / receive	「学位をもらう」
required subject	「必修科目」
elective (subject)	「選択科目」
major	「専攻科目」
minor	「副専攻科目」
application for admission	「入学願書」
tuition (fee)	「授業料」
faculty	「教員」
president	「学長」
freshman	「大学1年」
sophomore	「大学2年」
junior	「大学3年」
senior	「大学4年」
M.A. course	「修士課程」
Ph.D. [doctoral] course	「博士課程」

Tip 8 自分の関心事を英語でまとめてみる

仮にここにAさんというあなたの友人（男性）がいたとしよう。そしてAさんを、

gregarious, sociable「社交的な」
buoyant「快活な」
respectable「立派な」
intelligent「知的な」
genial「思いやりのある」
gallant「雄々しい、勇敢な」
sophisticated「洗練された」
vigorous「精力旺盛な」
reliable「信頼できる」

などと表すことができるとしよう。これは自分のよく知っている人物に関する記述なので、覚えやすいし忘れにくい。また、これにその人物の容貌や風采、その人の関連事項を加えておくとなおよい。これは、友人に限らず、テレビでよく見かける政治家やタレント、俳優、スポーツ選手でもよい。とにかくいろいろな人についてさまざまな記述・事件・関連事項をまとめて覚えるようにするのだ。この場合は雑誌 (*TIME* の people の欄)や新聞(entertainment の欄やスポーツ欄など)を利用することができるだろう。また新聞や雑誌でおもしろい記事を見つけたら、その中の特に目立った単語を書き出しておくのもひとつの方法である。たとえば、手元にあるフィリピンの Pinatubo 山噴火に関する記事からは：

eruption「噴火」
sulfur dioxide「二酸化硫黄」
cooling effect「冷却効果」
stratosphere「成層圏」
a dormant volcano「休火山」
global warming「地球温暖化」
emit「放射する」
atmosphere「大気」
respite「一時的休止」
belch「(炎、煙などを) 噴き出す」

などの語句を拾い出すことができる。これらは、地学(特に火山)に関係している語としてひとまとめにして覚えることができる。ただし、この場合ただ単語だけを拾い集めるのではなく、内容をよく読んで理解しておくようにする。内容に関連して書き出した単語はなおさら覚えやすくなるのである。

Chapter 3

実戦編

練習問題で実力アップ

実際の試験と同じ数の問題に取り組み、出題パターンに習熟して実戦力を身につけよう。

- **Practice Test 1** ⋯⋯ p.115
- **Practice Test 2** ⋯⋯ p.157

Practice Tests の活用法

　これから Practice Tests を受けるにあたっての基本的な注意事項を以下に記しておこう。

●解答・解説は最後に読む
本番の試験を受けるつもりで、Passage 1 から 5 までの 50 問すべてを一度に解いてから解答・解説を読むこと。

●制限時間 55 分を厳守すること
各 Practice Test の最初のページには、パッセージごとの問題数と制限時間が目安として設けてあるので、時間を計りながら臨むこと。ひとつのパッセージは 10 分程度で解けるよう心がけたい。なお、各パッセージの制限時間は合計 50 分になるよう設定されている。残り 5 分間は見直しに使うこと。

●パッセージを読む際には音読しない

Practice Test 1

▶ Passage 1	9問	制限時間： 8分
▶ Passage 2	12問	制限時間：12分
▶ Passage 3	9問	制限時間： 8分
▶ Passage 4	11問	制限時間：12分
▶ Passage 5	9問	制限時間：10分
合計	50問	制限時間：55分

(見直し時間5分間を含む)

PRACTICE TEST 1
Passage 1

問題数：9問／制限時間：8分

Q 1-9

In terms of tensile strength, a spider's silken thread is as strong as nylon: a single strand would have to be 80 kilometers long before it broke under its own weight. Typically, spiders will take 30 minutes to spin a web, operating at night by
Line touch rather than by sight. More than 2,000 different kinds build the beautiful
5 insect-traps and mating grounds known as "orb webs," the designs of which vary from species to species. Some of these spiders dot the strands with glue, while others add brush-like threads to each strand, to increase trapping efficiency. The owner of a web relies on the threads' vibrations to tell her she has made a catch. Once she has perceived the message she may devour her prey immediately or save
10 it for later consumption. But the orb web is not the final word in spider-web evolution. Some spiders make only a single web segment, which collapses over the prey like a spring trap. And others — like the bolas spider — spin only a single thread with a blob of glue on the end, which they throw at passing insects.

Q 1

What is the main topic of this passage?
(A) The tensile strength of spider webs
(B) Different types of spider webs
(C) The methods by which spiders catch their prey
(D) The strange habits of spiders

Q 2

According to the passage, some spiders add glue to the strands of their web in order to

(A) aid in mating rituals
(B) make the web stronger
(C) catch insects more effectively
(D) add weight to the web

Q 3

The word "single" in line 2 is closest in meaning to

(A) unique
(B) solitary
(C) unified
(D) typical

Q 4

The word "broke" in line 2 is closest in meaning to

(A) destroyed
(B) damaged
(C) crunched
(D) snapped

Q 5

How much time is needed for a spider to spin a web?

(A) Less than 30 minutes
(B) More than 30 minutes
(C) About 30 minutes
(D) All night

Q 6

According to the passage, a bolas spider catches its prey by
(A) tossing a single glue-tipped thread at the insect
(B) collapsing a web segment around the insect
(C) waiting in the web
(D) adding brush-like threads to the web

Q 7

According to the passage, what can we infer about a spider's senses?
(A) Sight is more important than touch.
(B) Touch is more important than sight.
(C) Hearing is more important than touch.
(D) Sight is more important than hearing.

Q 8

The word "increase" in line 7 is closest in meaning to
(A) inflate
(B) mitigate
(C) climb
(D) enhance

Q 9

Which of the following is true about the "orb web," according to the passage?
(A) It allows the spider to choose when to eat its prey.
(B) It is made of essentially a single strand.
(C) It is composed of 80 kilometers of thread.
(D) It is less efficient than other types of webs.

PRACTICE TEST 1
Passage 2

問題数：12 問 / 制限時間：12 分

Q 10-21

    From 1930 to 1945 the studio system reigned supreme in American filmmaking. The major Hollywood studio was in fact an entertainment factory. Like any factory, its goal was to produce a large number of products of consistent, dependable quality. Also, like any factory, its organizing principle was the division of labor — separate departments for writers, performers, technicians, film cutters, publicists, etc., each of which contributed its piece to the finished whole. Thus, just as with the factory manager, the main task facing the studio owner was to be able to coordinate the efforts of these various components.

    This system created a very clear tension between art and commerce. Art defies mass production and assembly lines. Indeed, most films of the studio era were competent, conventional pieces of unimaginative entertainment, far more interesting sociologically (in defining the attitudes, expectations, and cultural mores of the audience) than artistically. Most Hollywood films substituted craft for inspiration and familiar genres for individual conceptions. The director who could execute a script with professional polish, on schedule and within the budget, while the script fit into some familiar film cycle — the gangster film, the musical, the western, marital comedy, historical romance — were the studios' most valuable commercial assets. However, with the end of World War II, the American public's attitudes and expectations became more mature. No longer focusing solely on winning the war, the American viewing audience was primed for the more creative and sophisticated films produced by lesser-known filmmakers during the late 1940s and early 1950s.

Q 10

With what subject is this passage mainly concerned?
(A) Artistic qualities in American films
(B) American studio film directors
(C) Popular American films of the 1930s and early 1940s
(D) The production of studio films in the U.S.

Q 11

What is the purpose of the second paragraph of this passage?
(A) To compare the studio system to a business enterprise
(B) To describe the characteristics of films produced by the studio system
(C) To show the importance of film directors in the making of studio films
(D) To provide specific examples of films made between 1930 and 1945

Q 12

The word "dependable" in line 4 is closest in meaning to
(A) conservative
(B) subordinate
(C) reliable
(D) deplorable

Q 13

According to the passage, the most important quality of a film director in the studio system was
(A) efficiency
(B) intelligence
(C) compassion
(D) artistic vision

Q 14

The word "its" in line 4 refers to
(A) factory
(B) quality
(C) studio
(D) filmmaking

120

Q15

According to the passage, gangster films, musicals, westerns, marital comedies, and historical romances are all
(A) types of films that were well-known to American audiences
(B) examples of inspired filmmaking
(C) films that were produced for special audiences
(D) films that represent the cultural high point in American filmmaking

Q16

Which of the following is NOT a characteristic of American films produced between 1930 and 1945?
(A) They were collaborative efforts.
(B) They were highly original works.
(C) They were greatly influenced by commercial factors.
(D) They were well-crafted.

Q17

The word "conventional" in line 11 is closest in meaning to
(A) atypical
(B) customary
(C) conspicuous
(D) practical

Q18

The word "execute" in line 15 is closest in meaning to
(A) exhibit
(B) demonstrate
(C) inflict
(D) accomplish

Q 19

What will the paragraph following this passage most likely discuss?
(A) The end of World War II
(B) Major Hollywood studios after the war
(C) Post-war films made by smaller studios
(D) American attitudes toward the film industry

Q 20

According to the passage, in what way are the films of the studio era mainly useful from a sociological perspective?
(A) They display how important collaborative effort is.
(B) They provide insight into the social values of the time.
(C) They represent the supreme artistic effort of their era.
(D) They show how art and commerce can be reconciled.

Q 21

Where in the passage does the author infer a specific reason for the type of film produced toward the end of the studio era?
(A) Lines 3-4
(B) Lines 10-13
(C) Lines 14-18
(D) Lines 18-22

PRACTICE TEST 1
Passage 3

問題数：9問 / 制限時間：8分

Q 22-30

    During the 100 or more years they take to grow, trees undergo rapid photosynthesis, the process in which they absorb carbon dioxide, sunlight, and water to produce leafy material. They also are respiring — the reverse chemical
Line reaction, which produces carbon dioxide, heat, and water. But respiration occurs
5 more slowly in a young forest, especially one in which the trees are between 10 and 50 years old. That means growing trees suck in more carbon dioxide than they expire, and that helps clear the air of the gases that cause global warming. In mature forests, respiration and photosynthesis are nearly in balance, so trees emit as much carbon dioxide as they absorb. When trees are cut, most of the carbon
10 dioxide is released into the atmosphere — quickly if the trees are burned and slowly if they are converted to wood and other products that decay slowly. If forests were being burned and new ones planted at the same rate, they would simply act as a storage pool for carbon dioxide and, so, would neither speed nor slow global warming. The problem is that deforestation is dramatically outpacing
15 reforestation, particularly in those developing nations undergoing rapid industrialization.

Q 22

What is the main topic of this passage?
(A) The functions of trees in relation to global warming
(B) The advantages of deforestation over reforestation
(C) The process of respiration
(D) The length of time needed to grow forests

Q 23

Carbon dioxide is most rapidly released into the air when trees
- (A) are cut
- (B) are converted into wood products
- (C) are burned
- (D) respire

Q 24

The word "occurs" in line 4 could best be replaced with
- (A) transpires
- (B) generates
- (C) terminates
- (D) manifests

Q 25

It can be inferred from the passage that in order to slow global warming
- (A) deforestation is needed more than reforestation
- (B) reforestation is needed more than deforestation
- (C) a balance between deforestation and reforestation is needed
- (D) both deforestation and reforestation should be stopped

Q 26

The word "rate" in line 12 is closest in meaning to
- (A) cost
- (B) time
- (C) site
- (D) pace

Q 27

The word "simply" in line 13 is closest in meaning to
- (A) merely
- (B) basically
- (C) apparently
- (D) mostly

Q 28

We can infer from the passage that young trees absorb more carbon dioxide because they
(A) respire more
(B) need it for rapid photosynthesis
(C) are expiring
(D) are producing heat and water

Q 29

According to the passage, which of the following would most mitigate recent global warming trends?
(A) A large forest of ancient redwood trees
(B) A widespread area of newly planted saplings
(C) A large forest planted two decades ago
(D) A recently deforested river basin

Q 30

What will most likely be the main focus of the paragraph following this passage?
(A) The need for industrialization in developing nations
(B) The effects of industrialization on forests
(C) The most effective way of planting new trees
(D) Conservation movements in developing countries

PRACTICE TEST 1
Passage 4

問題数：11問／制限時間：12分

Q 31-41

    The human memory, generally thought to be rather inefficient, is in fact more competent and sophisticated than computer memory. Memory can be divided into two main parts: retention — the ability to store information; and recall — the ability to retrieve it again. Studies of the human memory reveal that it is excellent at storing information but less reliable at recall — at least without special practice.

    Most people have difficulty recalling stored information. The problem is probably not an inherent one, but seems to arise from a misunderstanding of how the mind works. Recall can itself be divided into two major areas: recall during learning and recall after learning. During a learning period the mind needs periods of activity and rest. If the right period of activity is followed by an appropriate rest period, recall performance improves considerably.

    Recall after learning rises for a brief time as the information "sinks in," and then it drops dramatically. This loss of detail can be minimized if certain review techniques are combined with periods of activity and rest. When reading, recall can be improved by breaking up learning periods into sessions of between 20 and 40 minutes, during which notes are made. A 10-minute gap is followed by a 10-minute recall period allowing everything remembered to be noted down and compared with the original notes. Memory is reinforced by a 2- to 4-minute review of the same material the next day and then a 2-minute review in the following week.

Q 31

What is the main topic of this passage?
(A) How recall functions as an aid to memory
(B) The relationship between retention and recall
(C) How to improve recall performance
(D) The best way to improve one's memory

Q 32

Which of the following statements is true of human memory?
(A) It is inefficient.
(B) It is better at recall than retention.
(C) It is possible to improve our recall memory.
(D) It is not very good at storing information.

Q 33

The word "sophisticated" in line 2 is closest in meaning to
(A) intelligent
(B) intricate
(C) indispensable
(D) indicative

Q 34

Which of the following statements can be inferred from the passage?
(A) It is very difficult to improve our ability to recall.
(B) We need to understand recall better in order to improve.
(C) It is not important to take breaks when learning new material.
(D) Recall is best after the new information has "sunk in."

Q 35

According to the passage, why do a majority of people find it hard to remember facts they have learned?
(A) The ability to recall stored information is not inherited.
(B) They are unfamiliar with how the mind actually functions.
(C) They tend to rely too much on computers.
(D) They have difficulty storing newly learned information.

Q 36

The phrase "arise from" in line 7 is closest in meaning to
(A) proceed toward
(B) point at
(C) stem from
(D) lead to

Q 37

What shape would a graph which plots recall immediately after initial learning most likely take?
(A) A short upswing followed by a steep decline
(B) A series of sharp peaks and deep valleys
(C) A brief rise followed by a gradual drop
(D) A gradual rise with a subsequent leveling

Q 38

What advice would the author be likely to give to those who are trying to improve their recall after learning?
(A) Be sure to get enough rest after learning new information.
(B) Be sure to strictly follow a time schedule in your review sessions.
(C) Be sure to never study longer than 40 minutes.
(D) Be sure to compare your notes with your previous notes.

Q 39

Why is the phrase "sinks in" in line 12 placed in quotation marks?
(A) Because the author wants to emphasize it.
(B) Because the author believes the opposite is true.
(C) Because it is a technical term the reader may not be familiar with.
(D) Because it is an informal expression.

Q 40

The word "it" in line 13 refers most directly to which of the following?
(A) Recall
(B) Time
(C) Information
(D) Detail

Q 41

According to the passage, what should be done during the period immediately following a rest?
(A) One should rewrite the original notes taken during the initial learning period.
(B) One should try to think about something totally unrelated to the material which has just been learned.
(C) One should simply try to relax and stored information will be recalled naturally.
(D) One should jot down all recalled information and compare this with the notes taken earlier.

PRACTICE TEST 1
Passage 5

問題数：9問／制限時間：10分

Q 42-50

　　In preindustrial societies the old were considered to be repositories of wisdom. Because they had seen it all before, and had practical experience of how recurring situations had been effectively dealt with, they were a valued and valuable resource to the community. In societies characterized by large, extended families of mixed ages, the old had vital functions, not only as guardians of experiences but also as those who taught the children.

　　In many contemporary societies families are smaller, their range of activities is not as wide, and jobs have become more specialized. Increasingly, societies place more value on youth and the old find that ordinary dignities and privileges as equal human beings have been denied them. Particularly in the West, the tendency since the 1960s has been to downgrade the importance of experience, to question the authority of those with seniority in professional or political life, and to place more value on youthfulness as a physical attribute and a mental attitude.

　　While physical changes in aging, such as graying and muscular weakness, are undeniable, much of the picture of "old age" in today's Western cultures is based on social attitudes. Old age is a role imposed by societies that assume "the old" to be infirm, unemployable, uneducable, asexual, and dependent.

Q 42

Which of the following best states the main topic of this passage?
(A) Old age in today's society
(B) Changing attitudes towards old age
(C) Western attitudes towards "the old"
(D) The problems of the aging society

Q 43

The word "old" in line 1 is closest in meaning to
(A) ancient
(B) wise
(C) elderly
(D) traditional

Q 44

According to the passage, all of the following could be considered traditional functions of the old EXCEPT
(A) teaching the young
(B) remembering past experiences
(C) giving advice based on experience
(D) questioning authority

Q 45

The word "vital" in line 5 is closest in meaning to
(A) various
(B) occasional
(C) crucial
(D) comparable

Q 46

The author implies that the old
(A) are unemployable, asexual, and uneducable
(B) are strongly affected by society's attitudes
(C) have no function in modern society
(D) put too much value on youthfulness

Q 47

The word "infirm" in line 17 could best be replaced with
(A) feeble
(B) diseased
(C) inactive
(D) bothersome

Q 48

According to the passage, which of the following is NOT true of modern society?
(A) Past experience is seen as important.
(B) A youthful attitude is highly valued.
(C) Families tend to have fewer members.
(D) The old are often denied basic human rights.

Q 49

According to the passage, what has been taking place since the 1960s?
(A) Politicians have become increasingly younger.
(B) Many senior professionals have lost their jobs.
(C) People are less likely to recognize established authority.
(D) Experience is no longer a necessary criterion in finding a job.

Q 50

Which of the following can be inferred from the information provided in the passage?
(A) People are living longer as the result of improved medical technology.
(B) Respect for the aged is more prevalent in non-Western societies.
(C) Strenuous physical exercise delays the onset of aging.
(D) Young people now have a broader range of job interests.

This is the end of Practice Test 1.
If you finish in less than 55 minutes, check your work on the test.

Practice Test 1　正答一覧

1	B	11	B	21	D	31	C	41	D
2	C	12	C	22	A	32	C	42	B
3	B	13	A	23	C	33	B	43	C
4	D	14	C	24	A	34	B	44	D
5	C	15	A	25	B	35	B	45	C
6	A	16	B	26	D	36	C	46	B
7	B	17	B	27	A	37	A	47	A
8	D	18	D	28	B	38	D	48	A
9	A	19	C	29	C	39	D	49	C
10	D	20	B	30	B	40	A	50	B

解答と解説

【Practice Test 1 – Passage 1】

Q 1-9　　　CD 11

対訳

　張力に関していえば、絹のようなクモの糸は、ナイロンと同じくらい強靭です。一筋の糸がそれ自体の重みで切れてしまうまでには、80キロメートルにも伸びるのです。一般的に、クモは視覚よりも触覚によって、夜の間に30分で巣をひとつ作り上げます。2,000種以上の異なる種類のクモが、球状巣として知られる美しい捕虫用のわなや交尾の場を作りますが、そのデザインは種類によって千差万別です。捕虫効果を高めるために、クモの中には糸に点々と粘着物をつけるものや、一本一本の糸にブラシのようなケバをつけるものもいます。巣の主は糸の震動によって獲物を捕らえたことを知るのです。獲物を捕えたことに気づいたクモは、すぐさまそれをむさぼり食うか、後で食べるためにとっておくかします。しかし球状巣がクモの巣の進化の究極というわけではありません。ある種のクモは、ばね仕掛けのわなのように生け贄の上に落ちかかる糸の塊をひとつこしらえ、他の種類、たとえばナゲナワグモのような仲間は、とおりかかった昆虫に投げつけるための、端に粘着質の粒をつけた糸を一本だけ作り出します。

Q 1　　正解　(B)

このパッセージの主題は何か。
(A) クモの巣の張力　　　　　　(B) 異なる種類のクモの巣
(C) クモが獲物を捕る方法　　　(D) クモの奇妙な習性

　解説　このパッセージの主旨は「クモは捕虫用のわなや交尾の場として、種類によっていろいろなタイプの巣を作る」ということで、ここでは特にえさを捕るための巣がいくつか紹介されている。これをもとに考えると、主題は(B)である。

Q 2　　正解　(C)

パッセージによると、巣のより糸に粘着物をつけるクモがいるが、それは何のためか。
(A) 交尾をしやすくするため　　(B) 巣をより強くするため
(C) より効果的に虫を捕るため　(D) 巣に重さを加えるため

　解説　4文めに、Some of these spiders dot the strands with glue, ... to increase trapping efficiency. で、捕虫効果を高めるため、とある。したがって、正解は(C)。

Q3　正解（B）

2行めのsingleと最も意味が近いのはどれか。
(A) 特有の　　　(B) 単一の　　　(C) 統合された　　　(D) 典型的な

解説　a single strandは、一筋の糸、という意味である。「ひとつ」を表すのは、(B) solitaryで、これが正解。

Q4　正解（D）

2行めのbrokeと最も意味が近いのはどれか。
(A) 破壊した　　(B) 損害を与えた　(C) かみ砕いた　(D) 切れた

解説　一筋の糸がそれ自体の重みでbrokeしてしまうまでに、80キロメートルも伸びる、とあるが、brokeするのは一本の糸なので、ここでのbrokeは「プッツリ切れる」という意味の過去形、(D) snappedに近い。

Q5　正解（C）

クモは巣を作るのにどれくらいの時間を要するか。
(A) 30分未満　　(B) 30分超　　(C) 約30分　　(D) 一晩中

解説　2文めに、spiders will take 30 minutes to ... とある。30分以上とも以下とも書いていないので、だいたい30分と考えて(C)が正解。

Q6　正解（A）

パッセージによると、ナゲナワグモは獲物をどのように捕獲するか。
(A) 粘着物がついている一本の糸を昆虫に投げつけること（によって）
(B) 昆虫の周辺の巣の一部を砕くこと（によって）
(C) 巣で待つこと（によって）
(D) 巣にブラシのような糸をつけること（によって）

解説　最後の文の a single thread ... they throw at passing insects から、(A)が正解。

Q7　正解（B）

パッセージによると、クモの感覚に関してどのようなことが推察できるか。
(A) 視覚は触覚よりも重要である。　(B) 触覚は視覚よりも重要である。
(C) 聴覚は触覚よりも重要である。　(D) 視覚は聴覚よりも重要である。

> **解説**　2文めにoperating at night by touch rather than by sight とあることから、(B)と類推できる。

Q8　正解　(D)

7行めのincreaseと最も意味が近いのはどれか。
(A) 〈空気・ガスなどで〉〈...を〉ふくらませる
(B) 〈苦痛などを〉やわらげる
(C) (手足を使って)〈はしごなどを〉(よじ)登る
(D) 〈質・能力などを〉高める、増す

> **解説**　increase は、Some of these spiders dot the strands with glue, while others add brush-like threads to each strand, to increase trapping efficiency. というところに出てくる。糸に粘着物やケバをつけたりするのは、**捕虫効果を「高める」**ためで、increaseは、ここでは(D) enhanceの意味。

Q9　正解　(A)

パッセージによると、「球状巣」に関して正しい記述は以下のどれか。
(A) それはクモがいつ獲物を食べるかを決められるようにする。
(B) それは本質的には1本の糸で作られている。
(C) それは80キロメートルの糸から構成されている。
(D) それは他のタイプの巣より非効率的である。

> **解説**　orb web(球状巣)に関する、**3文めから6文め**の文章を読むと、正しい記述は(A)しかない。したがって(A)が正解。

Vocabulary ≫

□spider	クモ a spider('s) web(クモの巣)
□silken	絹のような、柔らかくてつやつやした silkの形容詞。
□thread	糸、糸をとおす
□strand	(動植物の)繊維、より糸、よった縄
□typically	典型的に、典型的な例[場合]では、一般的には、概して
□spin	(糸を)紡ぐ、(クモ、蚕などが)糸をかける、吐く Spiders spin webs. (クモは巣を作る。)

☐ trap	**わな**(で捕まえる)、わなにかける、閉じ込める be caught in a trap(わなにかかる) He was trapped in a burning house. (彼は燃えさかる家に閉じ込められた。) Some carnivorous plants trap insects with the sticky hairs on their leaves. (葉の粘毛で虫を捕まえる食虫植物もある。) insect-trap(昆虫を捕るためのわな)
☐ mate	(…と)**結婚する**、(動物が…と)つがう、交尾する
☐ orb	**球(体)**。球状にする
☐ species	(動植物分類上の)**種**
☐ dot	**点々とおおう**
☐ glue	**接着剤(でつける)** glue a broken cup together(割れた茶碗を接着剤でつける)
☐ efficiency	[ifíʃənsi] **能率**(的なこと)。形容詞はefficient：[ifíʃnt] 能率的な
☐ perceive	**知覚する**、気づく、理解する
☐ devour	[diváuər] **むさぼり食う**
☐ prey	(他の動物の)**えじき**、獲物
☐ consumption	**消費**(⇔production) 動詞はconsume：消費する。consumer：消費者(⇔producer)
☐ evolution	**発展、進化** the theory of evolution(進化論)
☐ segment	**区切り、部分**
☐ collapse	**崩壊する**[させる]、(病気などで)倒れる He collapsed on the job. (彼は仕事中に倒れた。)
☐ bola(s)	**ボーラ** 鉄の玉のついた投げなわ(南米のカウボーイが獣などの足に投げつけてからませる)
☐ blob	**小塊**、小球体

解答と解説

【Practice Test 1 – Passage 2】

Q 10-21　　　CD 12

対訳

　1930年から1945年、スタジオ制はアメリカの映画制作の頂点を極めました。ハリウッドの一流スタジオというのは、実のところ娯楽工房だったのです。その目標は他のあらゆる工場と同じように、しっかりした良質の製品を大量に生産することでした。また組織の本質に関しても他の工場と同様に、分業制をしき、脚本家、俳優、技術者、編集者、宣伝担当がそれぞれ部署別に分かれ、それぞれのおこなう仕事が、完成した作品全体に貢献していました。したがって、スタジオ所有者の主な役割は、工場の責任者と同様、これらさまざまな構成員の仕事をコーディネートすることでした。

　この制度は、芸術と商業の間にはっきりとした緊張感を生み出しました。芸術は大量生産や流れ作業を拒むものです。実際、スタジオ時代に作られたほとんどの映画は、用は足りていましたが、ありきたりで独創性を欠いた娯楽作品で、芸術性よりもむしろ社会学的に（観客の姿勢や期待、文化的慣習を明らかにする点で）はるかに興味深いものでした。ハリウッド映画の大半は、インスピレーションの代わりに技巧に走り、独自のコンセプトの代わりにありふれたジャンルにとどまっていたのです。台本にプロとしての磨きをかけて、予算内でスケジュールどおりに仕上げることのできる監督、一方で、ギャング映画やミュージカル、西部劇、夫婦を題材にしたコメディー、歴史上のロマンスなど、おなじみの映画分野におあつらえ向きの台本、これらがスタジオの最も貴重な商業上の資産だったのです。しかし、第二次世界大戦の終わりごろには、アメリカ社会の姿勢や期待はより進んだものとなってきました。1940年代後半から50年代初頭にかけて、もはや戦争の勝利ばかりに目を向けなくなると、アメリカの映画の観客はあまり知られていない監督が作った、より創造的で洗練された映画に触発されるようになったのです。

Q 10　正解（D）

このパッセージは主に何について書かれたものか。
(A) アメリカ映画の芸術的な質
(B) アメリカのスタジオ映画の監督
(C) 1930年代および1940年代初頭に人気のあったアメリカ映画
(D) アメリカにおけるスタジオ映画の制作

　解説　このパッセージは、1930年から1945年におけるアメリカの映画制作におけるスタジオ制に関して書かれたもの。よって(D)が正解。

Q11　正解　(B)

このパッセージの第2パラグラフの目的は何か。
(A) スタジオ制を企業と比較すること
(B) スタジオ制で制作された映画の特徴を述べること
(C) スタジオ映画を作るうえで、映画監督の重要性を示すこと
(D) 1930年から1945年にかけて作られた映画の具体的な例を提供すること

解説　第2パラグラフでは、スタジオ制で作られた映画について3〜4文めで、unimaginative entertainment、craft、familiar genres などと特徴を説明している。よって(B)が正解。

Q12　正解　(C)

4行めの dependable と最も意味が近いのはどれか。
(A) 保守的な　　(B) 下位の、劣った　(C) 信頼できる　　(D) 嘆かわしい

解説　スタジオの目標は工場と同じように consistent で dependable な質の製品を作ること、という場合、dependable な質とは「信頼できる」質という意味で、(C)が正解。(A)(B)(D)では文脈がつながらない。

Q13　正解　(A)

パッセージによると、スタジオ制における映画監督の最も重要な資質は何だったか。
(A) 能率　　　　(B) 知性　　　　(C) 情熱　　　　(D) 芸術的視野

解説　最後から3文めに「台本に磨きをかけ、予算内で、スケジュールどおり仕事を仕上げられる監督が商売上の資産であった」と書かれていることから、監督には(A)「能率」よく仕事をする資質が要求されていたといえる。(B)(C)(D)に関しては何も書かれていない。

Q14　正解　(C)

4行めの its は何を指しているか。
(A) 工場　　　　(B) 質　　　　(C) スタジオ　　(D) 映画制作

解説　its organizing principle の its は3文めの its goal was ... の its と同じで、2文めの The major Hollywood studio を指している。選択肢の中では、その修飾部を省いた(C) studio が正解。

Q15 正解 (A)

パッセージによると、ギャング映画やミュージカル、西部劇、夫婦を題材にしたコメディー、歴史上のロマンスはすべて何か。
(A) アメリカの観客によく知られた映画の種類
(B) すばらしい映画制作の例
(C) 特別な観客用に制作された映画
(D) アメリカの映画制作で文化的頂点を代表する映画

解説 本文最後から3文めに the script fit into some familiar film cycle とあることから、(A)が正解。(B)(C)(D)は該当しない。

Q16 正解 (B)

1930年から1945年に制作されたアメリカ映画の特徴ではないものは以下のどれか。
(A) それらは協力して作られたものであった。
(B) それらは独自性の高い作品だった。
(C) それらは商業的な要因に大きな影響を受けた。
(D) それらは技巧に優れていた。

解説 まずアメリカの映画の特徴を表しているものを削除していくと、(A)は、本文の第4文めに its organizing principle was the division of labor ... とある。(C)は第2パラグラフに、映画そのものに関しても、また監督に関しても商業的な資質が重視されていたことが書かれている。また(D)に関しては、インスピレーションよりも技巧に頼ったことが、第2パラグラフの4文めに書かれている。しかし(B)については、パッセージには individual conception's よりも familiar genres に留まっていたとあるので、これは当時のアメリカの映画の特徴を表していない。

Q17 正解 (B)

11行めの conventional と最も意味が近いのはどれか。
(A) 変則的な　　(B) 習慣的な　　(C) 目立った　　(D) 実用的な

解説 conventional は「社会的慣習に合った、伝統的な、型にはまった、独創性[個性]を欠いた」という意味で、(B) customary と意味が近い。

Q18 正解 (D)

15行めの execute と最も意味が近いのはどれか。
(A) 展示する　　　　　　　　(B) 論証する
(C) 〈傷などを〉〔人に〕負わせる　　(D) 完成する

解説 台本にプロとしての磨き(polish)をかけ、予算内で**スケジュールどおりに台本をexecuteできる**監督がスタジオで最も貴重な商業上の資産(assets)だった、とあり、ここでは、executeは(D) accomplishと意味的に近い。

Q19 正解 (C)

このパッセージにパラグラフが続くとしたら何について議論しそうか。
(A) 第二次世界大戦の終結
(B) 戦後の主要なハリウッドのスタジオ
(C) 戦後に小さいスタジオで作られた映画
(D) 映画産業に対するアメリカ人の態度

解説 第2パラグラフは、前半部分は、1930年から1945年に制作された映画の特徴が述べられているが、後半では、lesser-known filmmakersにより1940年代後半から**1950年代初頭にかけて制作された映画**の特徴に話が移行している。したがって、この後にパラグラフが続くとしたら、(C)「戦後に小さいスタジオで作られた映画」について、がふさわしい。

Q20 正解 (B)

パッセージによると、スタジオ時代の映画は社会学的観点から主にどのような点で役に立つか。
(A) それらは共同で努力することがいかに重要であるかを示す。
(B) それらは当時の社会的価値を洞察している。
(C) それらはその時代の芸術面における最高の努力を表している。
(D) それらは芸術と商業がどのように一致させられるかを示す。

解説 第2パラグラフの3文めIndeedからはじまる文に、ほとんどのスタジオ時代の映画について、far more interesting sociologically (in defining the attitudes, expectations, and cultural mores of the audience) ...とある。ここから、スタジオ時代の映画は、観客の姿勢や期待、文化的習慣を反映していたものであることがわかる。つまり、映画を見ると、その時代の人々の**考えや文化的、社会的価値観がうかがえた**、ということである。したがって(B)が正解。

Q21 正解 (D)

スタジオ時代の末期にかけて制作された映画の種類の具体的な理由について、著者はパッセージのどの部分で推論しているか。
(A) 3-4行め (B) 10-13行め (C) 14-18行め (D) 18-22行め

解説 第二次世界大戦後、観客はもっと独創的(creative)で洗練された(sophisticated)映画を見るようになるが、そのような映画が作られるようになったのは、アメリカ人の姿勢や期待が円熟して、戦争に勝つことだけを中心に考えなくなったからである。これらのことは最後のふたつの文に書かれているので、選択肢では(D)が正解。

Vocabulary »

□reign	[réin] **主権を握る**、盛んに行われる、行き渡る Queen Elizabeth I reigned from 1558 till 1603. （エリザベス1世は1558年から1603年まで君臨した。）
□supreme	[suprí:m] **最高位の**、最上の
□consistent	**首尾一貫した**、矛盾のない
□division of labor	**分業**
□defy	（年長者・政府・命令などを）**ものともしない**、無視する defy the government（政府に反抗する）
□competent	**有能な**、要求にかなう、適格な He has a competent knowledge of English. （彼には十分役立つだけの英語の知識がある。）
□conventional	**社会的慣習に合った**、型にはまった、決まりきった
□mores	[mɔ́:reiz] **社会的習慣**、習俗
□substitute A for B	**BのかわりにAを用いる**
□craft	**技巧**、技能
□genre	[ʒá:nrə] **ジャンル**
□execute	[éksikjù:t] **実行する**、実施する。名詞はexecution：実行
□polish	**磨く**、仕上げをする
□asset	**資産**
□mature	[mətʃúər] **円熟した**、分別のある、賢明な
□prime	[...に備えて]**入れ知恵する**〔for〕

解答と解説

【Practice Test 1 – Passage 3】

Q 22-30　　　CD 13

対訳

　100年あるいはそれ以上の年月を要する成長の過程を通じて、樹木は葉っぱのような物質を生産するために、二酸化炭素や太陽光、それに水分を吸収しながら、急速な光合成を行います。彼らは同時に逆化学反応として呼吸を行い、二酸化炭素、熱、水分を生産しています。しかし、とりわけ樹齢10年から50年の若い樹木の場合は、この呼吸はよりゆっくり行われます。つまりこれは成長期にある樹木は、発散量を上回る二酸化炭素を吸収するということで、これが地球の温暖化を起こすガスを含む大気の浄化を助けているのです。成熟した森林では、呼吸と光合成はほぼ均衡しているため、樹木は吸収量とだいたい同量の二酸化炭素を発散します。樹木が伐採されると二酸化炭素の大部分は大気中に放出されますが、その速度は、樹木を燃やせば急速に、そして木材や腐敗していく速度の遅い他の製品に作り替えられた場合は、ゆっくりしたものになります。森林が燃やされて、その分新しい樹木が植えられると、そこは単に二酸化炭素の貯蔵池のような状態になり、地球温暖化を促進することも、遅滞させることもありません。問題は、特に急速に工業化が進んでいる発展途上国において、森林破壊の速度が植林をはるかにしのいでいることにあるのです。

Q 22　正解 (A)

このパッセージの主題は何か。
(A) 地球温暖化との関連における森林の役割
(B) 植林を上回る森林伐採の利点
(C) 呼吸の過程
(D) 森が成長するのに必要な時間の長さ

解説　このパッセージには、樹木の光合成と呼吸の仕組みが述べられており、成長過程にある木の場合は光合成の方が盛んで、それが地球温暖化を防ぐ働きをしている。ところが森林が伐採されるせいで、二酸化炭素が大気中に大量に放出される。植林が進められれば地球温暖化には影響がないが、植林よりも伐採の方が進んでいるので問題だ、ということが書かれている。よって、(A)が正解。

Q 23　正解 (C)

二酸化炭素が一番急激に大気中に放出されるのは木がどういう場合か。

143

(A) 伐採される (B) 木材製品に転換される
(C) 燃やされる (D) 呼吸する

解説 最後から3文めにquickly if the trees are burnedとある。

Q24 正解 (A)

4行めのoccursと最も意味が近いのはどれか。
(A) 起こる、生じる
(B) 〈熱・電気などを〉(物理的・化学的に)発生させる
(C) 終結する
(D) 明示する

解説 occurは「起こる、生じる」という意味で、transpireと同じ。

Q25 正解 (B)

地球温暖化を遅らせることに関して、パッセージから類推できることは何か。
(A) 森林伐採の方が植林よりも必要とされる
(B) 植林の方が森林伐採よりも必要とされる
(C) 森林伐採と植林の均衡が必要とされる
(D) 森林伐採と植林の両方が停止されるべきである

解説 パッセージの最後にThe problem is that deforestation is dramatically outpacing reforestation, ...「植林よりも森林伐採の方が進んでいるということが問題だ」とあることから、地球の温暖化を防ぐには(B)が類推できる。

Q26 正解 (D)

12行めのrateと最も意味が近いのはどれか。
(A) 費用 (B) 時間 (C) 敷地、用地 (D) 速度

解説 パッセージでは「もし森林が燃やされて、at the same rateで樹木が植えられると」といっている。at the same rate「同じ速度で」はat the same paceと同じ。したがって、正解は(D) pace。

Q27 正解 (A)

13行めのsimplyと最も意味が近いのはどれか。
(A) 単に (B) 基本的に (C) 明らかに (D) 主に

解説 simplyは「単に」という意味で、(A) merelyと同じ。

Q 28 正解 (B)

パッセージから、若い木がより二酸化炭素を吸収するのはなぜだと類推できるか。
(A) (若い木は) より多く呼吸する(から)
(B) (若い木は) 急速な光合成に二酸化炭素を必要とする(から)
(C) (若い木は) 息を吐いている(から)
(D) (若い木は) 熱と水分を生産している(から)

解説 3文めに、成長期にある樹木はrespirationがphotosynthesisよりゆっくり行われると書かれている。つまり成長期にある樹木は、photosynthesisの方が活発であることを意味する。光合成は二酸化炭素や太陽の光、水分を吸収する過程であるが、成長期にある木が（成熟した木よりも）二酸化炭素を多く吸収するのは、光合成に必要だからといえる。

Q 29 正解 (C)

パッセージによると、以下のどれが昨今の地球温暖化の傾向を最もやわらげているか。
(A) セコイアの老木の大森林
(B) 植林されたばかりの若木の広がった地域
(C) 20年前に植えられた大森林
(D) 最近伐採された川の流域

解説 mitigateは「〈苦痛・苛酷さを〉やわらげる、ゆるめる、静める」の意。3文めに「樹齢10年から50年の若い樹木の場合は、呼吸はゆっくりと行われる」とある。また、4文めに「これは成長期にある樹木は発散量を上回る二酸化炭素を吸収するということで、これが地球温暖化を起こすガスを含む大気の浄化を助けている」とある。これらから(C)が昨今の地球温暖化の傾向をやわらげていると考えられる。

Q 30 正解 (B)

このパッセージに続くパラグラフで、主な焦点に最もなりそうなのは何か。
(A) 発展途上国における工業化の必要性
(B) 森林への工業化の影響
(C) 新しい樹木を植える最も効率的な方法
(D) 発展途上国における保全活動

解説 このパッセージは「問題は特に急速に工業化が進んでいる発展途上国において、森林破壊の速度が植林をはるかにしのいでいることにあるのです」で終わっている。ここから、この後に続くパラグラフの内容は(B)に焦点が置かれるものと考えられる。

145

Vocabulary »

□undergo	〈検査などを〉**受ける**、〈変化などを〉**経験する**、〈苦難などに〉**耐える** undergo changes（変化する） undergo many hardships（多くの苦難に耐える）
□photosynthesis	**光合成**
□absorb	**吸収する**、〈人を〉**夢中にさせる**。名詞はabsorption：吸収 The boy absorbed all the knowledge his teacher gave him. （その少年は先生が与えた知識をすべて身につけた。） She is completely absorbed in her business. （彼女は事業に没頭している。）
□carbon dioxide	**二酸化炭素** carbon：炭素、dioxide [dàiáksaid]：二酸化物
□respire	**呼吸する** 名詞は respiration：呼吸（作用）、artificial respiration（人口呼吸） 形容詞は respiratory：呼吸（作用）の、respiratory organs（呼吸器）
□reverse	[rivé:rs] **逆（の）、反対（の）、逆にする** reversibleで「(衣類など)裏も表も着用できる」という意の形容詞を、またその種の衣服を意味する
□expire	**息を吐く**（⇔inspire）、**（期限などが）満了する** My driving license expires next month. （私の運転免許証は来月切れる。）
□emit	[imít]〈光・熱などを〉**放出する**
□release	**放つ、離す、解放する**
□decay	**腐る、崩壊させる。腐敗**
□deforestation	**森林伐採、山林開拓**
□outpace	**追い越す、しのぐ**
□reforestation	**再植林**
□redwood	**セコイア** 米国カリフォルニア州産のスギ科の巨木。高さ130mに達するものもある。
□sapling	[sǽpliŋ] **若木**
□basin	**(河川の)流域**

解答と解説

【Practice Test 1 – Passage 4】

Q 31-41　　　◎ CD 14

対訳

　通常あまり効率的でないと考えられている人の記憶は、実はコンピューターの記憶以上に有能で精巧です。記憶はふたつの主要な部分 ― 情報を蓄積する能力である「保持力」と、それを再生する能力である「回想力」 ― に分けることができます。人間の記憶は、情報の蓄積にかけては非常に優秀ですが、回想能力は、少なくとも特殊な訓練なしでは、さほど頼りにならないことが、研究によって明らかになっています。

　多くの人は、蓄積した情報を呼び出すのに困難を覚えます。問題はおそらく先天的なものではなく、頭脳の働きをはき違えていることから起きているように思われます。「回想力」自体も、ふたつに大別することが可能です。つまり、学習中の回想と学習を終えてからの回想です。学習中の頭脳には活動する時間と休息する時間が必要です。適当な活動時間に適当な休息時間が続くと、回想能力は著しく向上するのです。

　学習後の回想は、情報が「沈み込む」間の短期間に向上し、それから劇的に低下します。詳細の欠落は、活動時間と休息時間に特定の復習テクニックをとり入れることで、最小限に抑えることができます。読書するときは、20分から40分程度を単位として学習時間を区切り、その間（読書時）にメモを取るようにすれば回想能力は向上します。10分間あけた後に10分間回想時間をとって記憶したことをすべて書きだし、オリジナルのメモと比較します。同じ内容を次の日に2〜4分かけて復習し、さらに翌週2分ほど復習することで、記憶は強化されます。

Q 31　正解　(C)

このパッセージの主題は何か。
(A) 回想力は記憶を助けるものとしてどのように機能するか
(B) 保持力と回想力の関係
(C) 回想力の強化の仕方
(D) 記憶を向上させる一番の方法

解説　最初のパラグラフに「記憶には情報を『蓄積する能力』(retention)と『情報を再生する能力』(recall)があり、人間の脳では後者は前者ほど優れていない」ことが書かれている。次のパラグラフでは「情報を呼び出す能力」に焦点が置かれ、「脳が回想を行うには、活動時間と休息時間が必要」なことが、そして、第3パラグラフには「では情報を呼び出す能力（回想力）を強化するにはどうしたらいいか」が書か

147

れている。著者が記憶に関していいたいことは、「情報を呼び出す能力(回想力)は、脳の活動時間と休息時間に特定の復習テクニックを取り入れることで強化される」ということ。したがって、(C)が正解。(A)や(B)については書かれていない。また、(D)は、パッセージで「一番の方法」とは書いていないこと、「記憶」では議題が広すぎることから正解としてふさわしくない。

Q 32　正解（**C**）

人間の記憶にあてはまるのは以下のどの記述か。
(A) それは非効率である。
(B) それは保持力よりも回想力の方が得意である。
(C) 回想力を改善することは可能である。
(D) それは、情報を蓄積することがあまり得意ではない。

解説　(A)(B)(D)はパッセージの1文めと3文めの記述に反する。(C)は設問1の解説でも書いたようにパッセージ全体で著者が説明していることなので、これが正解。

Q 33　正解（**B**）

2行めのsophisticatedと最も意味が近いのはどれか。
(A) 知性のある　　(B) 複雑な　　(C) 絶対に必要な　　(D) 暗示する

解説　パッセージには、「人間の記憶は一般的にinefficientだと思われているが、実際にはコンピューターの記憶よりもcompetent and sophisticatedである」とある。inefficient（効率が悪い）やcompetent（有能な）などをヒントに推測できるが、sophisticatedは「複雑な、精巧な」という意味である。したがって、(B) intricateが正解。

Q 34　正解（**B**）

パッセージから類推できることは以下のどの記述か。
(A) 回想する能力を向上させることはとても難しい。
(B) 回想力を向上させるためにはそれについてよく知る必要がある。
(C) 新しい素材を学習するときに休憩をとることは重要ではない。
(D) 回想力は新しい情報が「沈み込んだ」(蓄積された)後が一番よい。

解説　(A)(C)は内容と一致しない。(D)に関しては、第3パラグラフの最初の文に「学習後の回想は、情報が『沈み込む』間の短期間に向上する」とあるだけで、その後が一番よいとは書いていない。(B)は、第2パラグラフの2文めの「回想力がよく

ないのは、頭脳の働きをはき違えているからだ」から類推可能。

Q35　正解　(B)

パッセージによると、なぜたいていの人は学習したことを思い出すのに困難を感じるのだろうか。
(A) 蓄積した情報を呼び出す能力は遺伝されない。
(B) 彼らは頭脳が実際にどのように機能するかよく知らない。
(C) 彼らはコンピューターに依存し過ぎる傾向がある。
(D) 彼らは新しく学んだ情報を蓄積することが困難である。

解説　第2パラグラフの2文めから、(B)が正解。

Q36　正解　(C)

7行めのarise fromと最も意味が近いのはどれか。
(A) …に向かって進む　　　　　(B) …を指す
(C) …から生じる、起こる、由来する　(D) …へ導く

解説　人が蓄積した情報を呼び出すのに困難を感じるのは、頭脳がいかに機能するか誤解していることからariseする、とはどういうことか。arise from「…から生じる、起こる、由来する」はstem fromと同義で、(C)が正解。

Q37　正解　(A)

最初に学習したことをすぐに呼び出す能力を点で表したグラフはどんな形になるか。
(A) 短い上昇の後に激しい下降　　(B) 鋭い山頂と深い谷の連続
(C) 短い上昇の後にゆるやかな下降　(D) 後に水平をともなうゆるやかな上昇

解説　学習後の回想に関しては、第3パラグラフの1文めに、Recall after learning rises for a brief time as the information "sinks in," and then it drops dramatically. とある。これをグラフで表すとすると、(A)のようになる。

Q38　正解　(D)

学習後の回想力を向上しようとしている人に対して、著者はどのようなアドバイスをしそうだろうか。
(A) 必ず、新しい情報を学習した後に十分な休憩をとりなさい。
(B) 必ず、復習の時間にはタイムスケジュールに厳しくしたがいなさい。

149

(C) 決して、40分以上長く勉強してはいけない。
(D) 必ず、自分のとったメモを、前にとった自分のメモと比較しなさい。

解説 (D)は最後から2文めで、A 10-minute gap is followed by a 10-minute recall period allowing everything remembered ... と著者がいっているとおりで、これが正解。

Q39 正解 (D)

12行めのsinks inという句は、なぜ引用符がつけられているのか。
(A) 著者はそれを強調したいから。
(B) 著者は、その反対だと思っているから。
(C) それは読者がよく知らない専門用語だから。
(D) それはくだけた表現だから。

解説 この語句は日常会話などに見られる熟語で、学術論文などではあまり使われない。よって、(D)「くだけた表現だから」が正解。

Q40 正解 (A)

13行めのitは以下のどれを最も直接指しているか。
(A) 回想力　　　(B) 時間　　　(C) 情報　　　(D) 詳細

解説 Recall after learning rises for a brief time ..., and then it drops dramatically. から、itは(A) Recallを受けている。

Q41 正解 (D)

パッセージによると、休息のすぐ後の時間は何をすべきか。
(A) 最初の学習時間に取ったオリジナルのメモを書き直すべきである。
(B) たった今学習したこととはまったく無関係なことについて考えるようにするべきである。
(C) ただリラックスすべきで、そうすれば蓄積された情報は自然に回想されるだろう。
(D) 覚えた情報をすべて書き出し、これを以前にとったメモと比べるべきである。

解説 第2パラグラフの3文めから、読書をするときは学習時間を20分から40分に区切って、その間にメモをとる。その後10分間休息をとり、次の10分間は覚えたことをすべて書き出し、最初にとったメモとそれを比べてみるとよい、とある。つまり、最初の10分間はa period of rest、次の10分間はa period of activityで、これを組み合わせた復習をすることで学習後のloss of detailは最小限に抑えられる、というのである。したがって、休息直後の時間は、(D)のようにするのが正解。

Vocabulary

☐inefficient	[ìnifíʃənt] (人が)**無能な**、役に立たない in (= not) + efficient
☐sophisticated	[səfístəkèitid] **洗練された**、極めて複雑な、精巧な、高性能な
☐retention	**保留**、保持(力)、記憶(力)。retain：保持する
☐recall	**回想(力)**。(意識的に)思い出す、思い出させる I cannot recall meeting him. (彼に会ったことを思い出せない。) He has instant recall. (彼は(すぐに何でも思い出せるほど)記憶力がいい。)
☐retrieve	**取り戻す**
☐reveal	**明らかにする**、示す He didn't reveal his identity. (彼は自分の正体を明かさなかった。)
☐inherent	[inhérənt] **本来の**、生来の。名詞は inherence：生得、持ち前 inhere：(性質などが...にもともと)存在する、内在する
☐considerably	[kənsídərəbli] **かなり**、相当に、ずいぶん
☐minimize	[mínimàiz] **最小(限度)にする**
☐session	**(授業)時間**、学習時間
☐reinforce	**補強する**、強化[増強]する

解答と解説

【Practice Test 1 – Passage 5】

Q 42-50　　CD 15

対訳

　産業化以前の社会では、老人は知恵の宝庫と考えられていました。老人は何でも目にしたことがあり、また繰り返し起こる状況に効果的に対処するにはどうしたらよいかという実際的な体験をもっていることで尊重され、地域にとっては重要な知恵の宝庫だったのです。さまざまな年齢の人々で構成される大家族が特徴の社会では、老人は経験の守り手というだけでなく、子どもたちの指導者としても、かけがえのない役割を担っていました。

　現代社会の多くでは、家族の規模は小さくなり、その活動の幅も狭まり、役割もより専門化されてきました。社会はますます若者に大きな価値を置くようになり、老人は、同じ人間としてのふつうの尊厳や特権が、彼らには与えられていないということを知るのです。特に西洋では1960年代以降の傾向は、経験の大切さをおとしめ、専門や政治に関して先輩である老人の権威に疑問を投げかけ、肉体的特性や精神的姿勢といった若さにより大きな価値を見出してきました。

　年をとるにつれて、頭髪が灰色になったり筋肉が弱くなったりといった肉体的な変化が生じるのは否定できませんが、今日西洋文化でいう「老年」のイメージのおおかたは、社会の姿勢に根ざしたものです。老年というのは、「老人」を、弱く、雇用も教育もできなければ、性ももたない従属的な存在だと決めつける、社会が負わせた役割なのです。

Q 42　正解（**B**）

このパッセージの主題を最もよく表しているものは以下のどれか。
(A) 今日の社会の老年　　　　　　　(B) 老年に対する態度の変化
(C) 「老人」に対する西洋の態度　　(D) 高齢化社会の問題

解説　ここでは、以前は老人は尊敬されていたのに、現代では老人の威厳や特権が無視されていると書かれている。つまり、(B)が正解。

Q 43　正解（**C**）

1行めのoldと最も意味が近いのはどれか。
(A) 古代の　　(B) 賢い　　(C) 年配の　　(D) 伝統的な

解説　the old は old people のこと。したがって、oldはここでは(C) elderlyと同義。（参考）the young = young people

152

Q44　正解（D）

パッセージによると、伝統的な老人の役割と考えられていないのは以下のどれか。
(A) 若者に教えること　　　　　　　(B) 過去の経験を覚えていること
(C) 経験に基づいて忠告をすること　(D) 権威に疑問を投げかけること

解説　第1パラグラフから、(A)(B)(C)は伝統的な老人の役割であったことがわかる。(D)は1960年代以降の老人に対する西洋の態度の例として挙げられている。

Q45　正解（C）

5行めのvitalと最も意味が近いのはどれか。
(A) さまざまな　　(B) 時折の　　(C) きわめて重要な　(D) 同等の

解説　大家族(extended families)において老人は経験の守り手としてだけではなく、子どもの指導者としてもvital functionsがあった、というのはどういうことか。vitalは「きわめて重要な」という意味で、(C) crucialと同義。

Q46　正解（B）

著者は老人に関してどのようなことを暗示しているか。
(A)（老人は）雇用に適さず、性と関係がなく、教育不可能である
(B)（老人は）社会の姿勢に大きく影響される
(C)（老人は）現代社会では何の役にも立たない
(D)（老人は）若々しさに価値を置きすぎる

解説　(A)は、老人に対する現代社会の姿勢で、著者はこの見方を批判している。(C)のようにはいっていないし、それを示唆する記述もない。(D)も該当しない。パッセージの最後のふたつの文から、(B)が正解。

Q47　正解（A）

17行めのinfirmはどれと置き換えることができるか。
(A) 弱々しい　　(B) 病気の　　(C) 不活発な　　(D) 厄介な

解説　infirmは「（肉体的に）弱い、虚弱な、衰弱した(weak)、（精神的に）弱々しい」という意味で、(A) feeble「（病気・老齢などで）弱った、弱々しい」と同義。

Q48　正解（A）

パッセージによると、現代社会にあてはまらないものは以下のどれか。

(A) 過去の経験は重要であると見なされている。
(B) 若者の姿勢が高く評価されている。
(C) 家族はより少ない成員数になる傾向がある。
(D) 老人はしばしば、基本的な人権を無視される。

解説 (B)(C)(D)は第2パラグラフに、現代社会に関するものとして記述されている。(A)は第1パラグラフに似た記述があるが、これは現代社会ではなく、産業化以前の社会に関する記述である。よってこれが正解。

Q49 正解（C）

パッセージによると、1960年代以降何が起こっているか。
(A) 政治家が次第に若年化している。
(B) 多くの年配の専門家が仕事を失っている。
(C) 確立した権威を人々が認める傾向が弱まっている。
(D) 就職において経験は必要な基準ではなくなっている。

解説 1960年代以降の社会の傾向は、第2パラグラフの3文めのParticularly in the West, …以下に書かれている。したがって(C)が正解。

Q50 正解（B）

パッセージで与えられた情報から類推できることは以下のどれか。
(A) 医療技術の進歩の結果、人々はより長生きしている。
(B) 老人への敬意は、非西洋社会の方が広く行き渡っている。
(C) 激しい運動は老化のはじまりを遅らせる。
(D) 今の若い人は職に関して幅広い関心をもっている。

解説 (A)(C)(D)はどれもそれを正解にする証拠となる文がパッセージにない。(B)は、第2パラグラフの3文め、Particularly in the West, …（特に西洋では…）の文から類推できることである。

Vocabulary >>>

□repository	[ripázətɔ̀ːri] **貯蔵庫、（知識などの）宝庫**
□wisdom	**賢いこと、知恵、知識**
□recur	[rikə́ːr] **再発する、繰り返される**
□resource	**資源、資力** human resources（人的資源）
□extend	**広げる** extended family（拡大家族）、c.f. nuclear family（核家族）

☐vital	**きわめて重大な、活力に満ちた** vital question（死活問題）
☐guardian	**保護者**、監視者
☐contemporary	[kəntémpərèri] **現代の（人）**、同時代の（人、もの）
☐range	（活動・知識・経験などの及ぶ）**範囲**
☐dignity	**威厳**、尊厳
☐privilege	**特権**、権利
☐deny	「deny＋O＋O」で、〈人などに〉〈与えるべきものを〉**与えない** These benefits were denied us. = We were denied these benefits. （われわれにはこれらの便宜は与えられなかった。）
☐downgrade	〈人の〉**地位を落とす**、〈物品の〉等級を落とす
☐authority	**権威**、権力、権限
☐seniority	**年上**、先輩であること、年功序列
☐attribute	[ǽtrəbjùːt] **属性**、特質
☐undeniable	[ʌ̀ndináiəbl] **否定しがたい**、明白な。申し分のない、すばらしい deny：否定する
☐impose	[impóuz] **課する**、押しつける impose one's opinion upon others（自分の意見を他人に強いる）
☐infirm	**虚弱な**、衰弱した（= weak）、（精神的に）弱々しい
☐asexual	[èisékʃuəl] **性別のない**、性とは無関係の

Practice Test 2

▶ Passage 1	11 問	制限時間：10 分
▶ Passage 2	10 問	制限時間：10 分
▶ Passage 3	11 問	制限時間：12 分
▶ Passage 4	9 問	制限時間： 8 分
▶ Passage 5	9 問	制限時間：10 分
合計	50 問	制限時間：55 分

（見直し時間 5 分間を含む）

PRACTICE TEST 2
Passage 1

問題数：11問 / 制限時間：10分

Q 1-11

　　The hydra is a tiny and relatively primitive animal that is common in lakes and ponds around the world. It grows to no more than a few millimeters in length and has a soft, tubular body with a mouth at one end surrounded by tiny tentacles for capturing food. Named after a mythical serpent-like creature which could grow two heads after one was cut off, the hydra can regenerate after almost any kind of damage. It is capable of growing two entirely new creatures if it is cut in half — or 10 if it is cut into 10 pieces. But the hydra's most impressive ability is that it appears to be immortal.

　　Hydra's reproduce by budding: a tiny new creature forms as a "branch" on the parent and eventually breaks away. But as far as scientists can tell, the parent animal never grows old and never dies. This is because the hydra is largely made up of T-cells — embryonic cells which can become any kind of tissue cell. Fully grown hydras are constantly shedding their cellular tissue and replacing it. This means the tissue cells are never given a chance to age. Every 20 days, every cell in a hydra's body is replaced.

　　Could the hydra's longevity one day help humans to live longer? Possibly. But scientists are still a long way from that goal. Humans and hydras have very little in common. Still, these fascinating little creatures have taught us a great deal about the genetics behind cellular aging.

Q 1

What is the most appropriate title for this passage?
(A) Extending the Human Life Span
(B) Facts About Aquatic Animals
(C) Monsters in Ancient Mythology
(D) A Tiny Immortal Creature

Q2

What does the passage mainly discuss?
(A) The unusual life span of an animal
(B) Reproduction in water plants
(C) How tiny animals capture their food
(D) The cure for a genetic disease

Q3

According to the passage, the real-life hydra has
(A) many different heads
(B) tentacles around its mouth
(C) a spherical body shape
(D) a body covered in scales

Q4

Which of the following is true about the hydra?
(A) The hydra does not live in salt water.
(B) The hydra is rare in nature.
(C) The hydra is a delicate creature.
(D) The hydra cannot move.

Q5

It can be inferred from the passage that the author
(A) admires the hydra's immortality
(B) believes humans should not seek immortality
(C) studies other tiny water-based creatures
(D) is uncertain about how hydra reproduce

Q6

What happens after a young hydra breaks off from its parent?
(A) The parent grows a new head.
(B) The parent is eaten.
(C) The parent does not change.
(D) The parent dies shortly after.

Q 7

The word "regenerate" in line 5 is closest in meaning to
- (A) escape
- (B) heal
- (C) suffer
- (D) enlarge

Q 8

According to the passage, what is special about T-cells?
- (A) They are unique to the hydra.
- (B) They attack other kinds of cells.
- (C) They are larger than average.
- (D) They can change into other kinds of cells.

Q 9

The passage suggests that
- (A) scientists hope to extend human life
- (B) hydra populations are dangerously high
- (C) hydra cells are similar to human cells
- (D) humans can learn very little from the hydra

Q 10

According to the passage, every 20 days a hydra will have
- (A) reproduced once
- (B) consumed all of its T-cells
- (C) replaced all of its tissue
- (D) shed its skin

Q 11

In line 16, the word "longevity" could be replaced by which of the following?
- (A) cellular structure
- (B) long life span
- (C) genes
- (D) scientific study

PRACTICE TEST 2
Passage 2

問題数：10問／制限時間：10分

Q 12-21

It has been estimated by supermarket industry experts that nearly 7 percent of all processed food products sold during the 1980s were touted as being "natural." Yet many companies simply recognized that labeling something as "natural" made good business sense. According to statistics presented in a 1987 Federal Trade Commission report, 63 percent of American consumers polled in a survey agreed with the statement, "Natural foods are more nutritious than other foods." Thirty-nine percent said they regularly buy food because it is "natural," and 47 percent said they are willing to pay up to 10 percent more for a food that is "natural." Furthermore, as the decade ended, the natural food craze showed absolutely no signs of abating.

In fact, however, "natural" foods are not necessarily preferable nor are they even necessarily natural. Consider "natural" potato chips, which made their introduction into the market in the mid-1970s. These so-called "natural" potato chips are usually cut thick from unpeeled potatoes, packaged without preservatives in heavy foil bags with fancy lettering, and sold at a premium price. Sometimes such chips include "sea salt," a product whose advantage over conventional "land" salt has never been scientifically demonstrated. Moreover, the packaging these chips came in was intended to give the impression that "natural" potato chips are less of a junk food than regular chips. The truth is that nutritionally there is no difference. Both are made from the same food, the potato, and both have been processed through deep-frying so that both are high in calories and in salt content, as well.

Q 12
In line 2, the word "touted" may best be replaced with
(A) named
(B) packaged
(C) promoted
(D) implied

Q 13
Which of the following statements may be inferred from the passage?
(A) A majority of consumers would pay more for "natural" foods in the late 1980s.
(B) The number of foods described as "natural" was likely to increase in the 1990s.
(C) "Natural" foods tasted better than other foods.
(D) American consumers generally made informed decisions when buying food.

Q 14
According to the author, which is preferable, "sea salt" or "land" salt?
(A) "Sea salt" is preferable to "land" salt.
(B) "Land" salt is preferable to "sea salt."
(C) They are equally healthy.
(D) It has not yet been determined.

Q 15
The word "regularly" in line 7 is closest in meaning to
(A) occasionally
(B) sporadically
(C) routinely
(D) properly

Q 16

According to the author, which of the following is a difference between "natural" potato chips and regular potato chips?
(A) "Natural" chips are more nutritious.
(B) Regular chips contain more sea salt.
(C) "Natural" chips have fewer calories.
(D) Regular chips are cheaper.

Q 17

With respect to regular potato chips, it can be inferred from the passage that
(A) no one disputes their status as a junk food
(B) they actually have more nutritional content than "natural" potato chips
(C) they first appeared on the market during the mid-1970s
(D) their packaging emphasizes their nutritional content

Q 18

The word "intended" in line 18 is closest in meaning to
(A) preserved
(B) hoped
(C) displayed
(D) treated

Q 19

Why does the word "natural" appear in quotation marks in the passage?
(A) Many foods that are advertised as "natural" are not really natural.
(B) The author is quoting a word which is frequently used by advertisers.
(C) The word is an unfamiliar one to most readers.
(D) The word is used in its spoken form more often than in its written form.

Q 20

Which of the following can be likely inferred from the passage?
(A) More "natural" potato chips are sold than regular potato chips.
(B) Regular potato chips are usually cut thinner than "natural" potato chips.
(C) "Natural" potato chips are almost always flavored with sea salt.
(D) Heavy foil bags are necessary to protect the flavor of "natural" potato chips.

Q21

The purpose of the passage is most likely to
(A) criticize a marketing technique
(B) describe an advertising campaign
(C) compare two products
(D) analyze an economic principle

PRACTICE TEST 2
Passage 3

問題数：11 問 / 制限時間：12 分

Q 22-32

Another important Christian organization is the monastery, with a history that stretches back almost 2,000 years. By the time of the emperor Constantine in Rome, groups of men in Egypt had begun to come together to hear the teachings of holy men. Eventually these gatherings developed into the communities known as monasteries. These monasteries eventually took on a form similar to a feudal estate, with fields and a number of buildings forming the heart of a small settlement.

As the church grew in importance, some monasteries were fortified with high walls. At times a moat was dug outside these walls and filled with water to protect the monastery against invaders. The most important buildings were constructed around an open courtyard, usually a garden filled with shrubs and flowers. Surrounding the courtyard was a covered walkway known as a cloister, and to one side of the courtyard stood the church, where the monks attended services. In the early days, these were often simple structures, extremely cold in winter, so cold that the sick and the old would carry in a heated brick to warm their feet. Eventually, though, the church buildings evolved into the magnificent stone structures with stained glass windows we often associate with monasteries today.

Another important structure in a monastery was the dormitory, located across the courtyard from the church. This contained the rough cells where monks slept on hard beds. Other parts of the monastery included the refectory where the monks ate their meals, the writing rooms where manuscripts were copied and illustrated, a hospital, and sheds for the domestic animals in the monastery.

Q 22

What is the main topic of this passage?

(A) The development of monasteries
(B) The basic configuration of a monastery
(C) The role of the monastery courtyard
(D) The monastery as a feudal estate

Q 23

According to the passage, the cloister was

(A) an open garden
(B) a simple, rough structure
(C) built to one side of the monastery
(D) built around the courtyard

Q 24

The word "stretches" in line 2 is closest in meaning to

(A) lengthens
(B) extends
(C) strides
(D) covers

Q 25

What was most likely the topic of the paragraph immediately preceding the passage?

(A) The history of the Christian church
(B) The origin of the Christian monastery
(C) A different type of Christian organization
(D) Monasteries in other organized religions

Q 26

The word "fortified" in line 8 could best be replaced with

(A) strengthened
(B) constructed
(C) encircled
(D) surfaced

Q 27

What were monasteries originally?

(A) Assemblies of religious people
(B) A collection of buildings
(C) Magnificent structures
(D) The homes of Roman peasants

Q 28

The word "magnificent" in line 16 is closest in meaning to

(A) interesting
(B) gigantic
(C) carved
(D) grand

Q 29

In a traditional monastery, where was the dormitory located?

(A) Next to the church
(B) Opposite the church
(C) Behind the church
(D) Far from the church

Q 30

The word "This" in line 19 refers most directly to

(A) church
(B) courtyard
(C) dormitory
(D) structure

Q 31

According to the passage, the refectory usually served as

(A) a place for writing manuscripts
(B) a place for sleeping
(C) a kind of dining room
(D) a kind of barn for animals

Q 32

Which of the following CANNOT be inferred from the passage?

(A) Early monasteries had no effective heating systems.
(B) The first stained glass windows appeared in early monasteries.
(C) The living quarters of the monks were austere.
(D) Younger monks were forced to simply endure the cold.

PRACTICE TEST 2
Passage 4

問題数：9問／制限時間：8分

Q 33-41

In the modern world, our notions of space and time serve to order things and events in the environment around us. These notions are central to the way we organize our everyday lives, and they become enormously important when we
Line attempt to understand nature through science and philosophy. Every known law of
5 physics is based in some way on the concepts of space and time. The importance of Einstein's relativity theory lies in the fact that it brought about a major change in the way we view these concepts.

Classical physics was based on well-established definitions of space and time. These included the idea that space exists in three absolute dimensions, independent
10 of the material objects contained within it, and that it obeys the laws of Euclidean geometry. Time was also considered independent of the material world. It was likewise thought of as a separate dimension, an absolute that flows at an even rate. In the West, these explanations of space and time were maintained firmly in the minds of philosophers and scientists — so firmly, in fact, that these notions were
15 simply accepted as true and unquestioned properties of nature. This is no longer the case.

Q 33

Which of the following would be the best title for this passage?
(A) A Modern View of Classical Physics
(B) Time, Space and Einstein
(C) Reviewing Explanations of Time and Space
(D) The Essence of Science and Philosophy

Q 34

The word "notions" in line 1 is closest in meaning to

(A) values
(B) attitudes
(C) discoveries
(D) concepts

Q 35

The word "order" in line 1 is closest in meaning to

(A) gather
(B) organize
(C) rank
(D) direct

Q 36

The word "central" in line 2 is closest in meaning to

(A) middle
(B) pivotal
(C) important
(D) related

Q 37

It can be inferred that the author considers classical physics

(A) to have been the sole basis for scientific development
(B) to have an outdated view of time and space
(C) to be of historical interest, but containing no serious value
(D) to have encouraged ill-founded concepts

Q 38

The purpose of the first paragraph is

(A) to provide an introduction
(B) to present an argument
(C) to review past discussions of the topic
(D) to test the reader's knowledge

Q 39

The word "It" in line 11 most directly refers to
(A) Time
(B) World
(C) Dimension
(D) Space

Q 40

According to the passage, classical physics considered that time displayed the following characteristics EXCEPT
(A) advancing at a constant rate
(B) having a fixed character
(C) being free from the tangible world
(D) conforming to Euclid's laws

Q 41

The paragraph following this passage will most likely take up
(A) contemporary views of time and space
(B) the mechanics of Einstein's relativity theory
(C) scientifically accepted properties of nature
(D) the essence of science and philosophy

PRACTICE TEST 2
Passage 5

問題数：9問／制限時間：10分

Q 42-50

In recent years there have been numerous investigative studies about the job satisfaction of factory and office workers. Satisfaction with work for its own sake is more likely to be found among skilled factory workers and craftsmen if the job involves completion of a whole project. Variety is also important to both factory and office workers, as is the friendliness of the other members of the working group.

Of the other factors that influence satisfaction, social relationships seem to be most important, although freedom to make independent decisions and take responsibility is valued. Satisfaction is also linked with tactful and flexible supervision and leadership and with being consulted in advance about changes in work methods. In general, jobs that involve dealing with people are seen as more satisfying than those that do not.

People's attitudes toward work are influenced by their age, sex, personality, and cultural expectations, attitudes which change over time. Women, for example, were traditionally assumed to be more satisfied than men with their work even when their jobs gave them less authority, status, and income. And, in fact, they likely were happier. As women redefined their roles, though, their expectations and level of satisfaction changed. People are usually happier at work as they grow older, especially if their work provides agreeable social surroundings. In most cases, the older one gets, the less one needs to prove; both older men and older women have attained a certain amount of authority and respect, which makes interpersonal relationships in the workplace of paramount importance. On the other hand, young people tend to be more concerned about the nature and purpose of their job.

Q 42

It can be inferred from the passage that the author believes which of the following about job satisfaction?
(A) Social relationships affect job satisfaction more than amount of responsibility does.
(B) Social relationships affect job satisfaction more than variety does.
(C) Factory and office workers do not need to be consulted about changes in advance.
(D) Factory workers do not place a high value on variety in their work.

Q 43

Which of the following may NOT be inferred from the passage?
(A) The young are more concerned about the meaning of their work than are older people.
(B) Women are more satisfied with their jobs than men, even when they get less status, authority and income.
(C) Skilled factory workers prefer to finish a whole project.
(D) Most people prefer to have jobs that involve working with other people.

Q 44

The word "tactful" in line 9 is closest in meaning to
(A) forceful
(B) competent
(C) diplomatic
(D) efficient

Q 45

The phrase "In general" in line 11 can best be replaced by which of the following?
(A) Nonetheless
(B) In retrospect
(C) Consequently
(D) By and large

Q 46

According to the passage, which of the following is true of people's attitudes towards work?

(A) They change as people get older.
(B) Young people are not as satisfied at work as older people are.
(C) Most people prefer to work in groups with other people.
(D) People's attitudes will be positive if they work in agreeable surroundings.

Q 47

According to the passage, people are most satisfied with their employers if they have which of the following characteristics?

(A) Friendliness
(B) Responsibility
(C) Skill
(D) Flexibility

Q 48

According to the passage, which of the following items is most important in influencing job satisfaction?

(A) Freedom to make decisions
(B) Earning a high income
(C) Good relationships among people
(D) Being consulted about changes

Q 49

It can be inferred from the passage that, compared to their mothers, women in recent years tend to

(A) make even less money in real terms
(B) be more happy with their jobs
(C) enjoy their work more when they are younger
(D) suffer more job dissatisfaction

Q 50

What will the paragraph following this passage probably deal with?
(A) How important interpersonal relationships are in the workplace
(B) How people in the early stages of their careers feel about their work
(C) How the job expectations of older workers change with age
(D) How increased income affects the job satisfaction of young workers

This is the end of Practice Test 2.
If you finish in less than 55 minutes, check your work on the test.

PRACTICE TEST 2　正答一覧

1	D
2	A
3	B
4	A
5	A
6	C
7	B
8	D
9	A
10	C

11	B
12	C
13	B
14	D
15	C
16	D
17	A
18	B
19	A
20	B

21	A
22	B
23	D
24	B
25	C
26	A
27	A
28	D
29	B
30	C

31	C
32	B
33	C
34	D
35	B
36	B
37	B
38	A
39	A
40	D

41	A
42	A
43	B
44	C
45	D
46	A
47	D
48	C
49	D
50	B

解答と解説

【Practice Test 2 – Passage 1】

Q1-11　◎ CD 16

対訳

　ヒドラは、世界中の湖や池でよく見られる、とても小さく比較的原始的な動物です。それは成長しても体長わずか数ミリメートルで、柔らかい管状の体をしており、口の片方の端が捕食用の小さな触手に囲まれています。ヒドラは、神話に出てくる、ひとつ頭部が切り落とされるとふたつの頭部が生えてくる、ヘビのような生物にちなんで名づけられており、ほぼどんな形で損傷を受けても再生することができます。半分に切られてもまったく新しいふたつの個体 — 10個に切られたら10の個体 — になることができます。しかしヒドラの最も印象的な能力は不死身に思われることです。

　ヒドラは出芽によって繁殖し、親の「枝」として小さな新しい個体が形成され、やがて分離していきます。しかし科学者たちがわかっている範囲では、親の個体は決して年をとらず、決して死にません。これはヒドラが、あらゆる種類の組織細胞になりうる胚細胞である、T細胞から大部分構成されていることによります。完全に成長したヒドラは細胞の組織を絶え間なく捨てて、入れ換えていきます。これは組織細胞が年をとる要因を決して与えられないということです。20日ごとに、ヒドラの体のすべての細胞が交換されます。

　ヒドラの長寿は、いつの日か人間がより長く生きる助けになるでしょうか。その可能性はあります。しかし、科学者たちは未だその目標のかなり手前にいます。人間とヒドラで共通するものは非常に少ないのです。それでも、この魅力的な小さな生物は、細胞の老化の背後にある遺伝学について多くのことを私たちに教えてくれるのです。

Q1　正解（D）

このパッセージに最も適した表題は何か。
(A) 人間の寿命を延ばすこと
(B) 水生動物に関する事実
(C) 古代神話の中の怪物
(D) 小さな不死身の生物

解説　このパッセージはヒドラについてのものであるが、ヒドラはtiny（第1パラグラフ1文め）な動物で、immortal（第1パラグラフ最後の文）だと述べられている。したがって、(D)が正解。

177

Q2　正解 (A)

このパッセージは主に何について書かれたものか。
(A) ある動物の珍しい寿命
(B) 水生植物の繁殖
(C) 小さな動物が捕食する方法
(D) 遺伝病の治療

解説　第1パラグラフの最後でヒドラが immortal と思われることが述べられ、以降のパラグラフでその繁殖・成長の仕組みが語られている。全体としてヒドラが長い寿命をもっていることがこのパッセージの主なテーマである。

Q3　正解 (B)

パッセージによると、実在のヒドラは何をもっているか。
(A) 多くの異なる頭部　　　　(B) 口のまわりの触手
(C) 球体をした体　　　　　　(D) うろこにおおわれた体

解説　第1パラグラフ2文めに with a mouth at one end surrounded by tiny tentacles for capturing food とあることから、(B)が正解。

Q4　正解 (A)

ヒドラについて正しいのは以下のどれか。
(A) ヒドラは海水には生息していない。
(B) ヒドラは自然界では希少である。
(C) ヒドラは繊細な生物である。
(D) ヒドラは動けない。

解説　第1パラグラフ1文めの記述 The hydra is a tiny and relatively primitive animal that is common in lakes and ponds around the world. から淡水に生きる生物であることがわかる。したがって、(A)が正解。

Q5　正解 (A)

このパッセージから、著者に関して類推できることは何か。
(A) ヒドラの不死性を賞賛している
(B) 人間は不死性を追い求めるべきではないと信じている
(C) 他の小さな水生生物を研究している
(D) ヒドラが繁殖する方法について確信していない

解説 著者はこのパッセージ全体でヒドラの不死性について述べた後、最後の部分で、「この**魅力的な**小さな生物は、細胞の老化の背後にある遺伝学について多くのことを私たちに**教えてくれる**」と結んでいる。つまり、著者はヒドラの不死性を貴重なものと考えているのであり、(A)が正解となる。

Q6　正解（**C**）

若いヒドラが親から切り離されると何が起こるか。
(A) 親に新しい頭部が生える。　　(B) 親が食べられる。
(C) 親は変化しない。　　　　　　(D) 親がやがてまもなく死ぬ。

解説 ヒドラの親から生まれた新しい小さな個体が切り離された後について、第2パラグラフ2文めで、科学者の知りうる範囲では、と断ったうえでthe parent animal **never grows old** and **never dies** と述べられている。つまり「変化しない」ので、(C)が正解。

Q7　正解（**B**）

5行めのregenerateと最も意味が近いのはどれか。
(A) 逃げる　　(B) 癒える　　(C) 苦しむ　　(D) 大きくなる

解説 regenerateが含まれる文に続けて、ヒドラが切断されてもそれぞれの部分が新しい個体として成長することが書かれている。これによってalmost any kind of damageの後でもヒドラは「再生する、生まれ変わる」ことが可能だという流れから、ここではregenerateの意味に最も近いのは(B)の「癒える」である。

Q8　正解（**D**）

パッセージによれば、T細胞について特別なのは何か。
(A) それはヒドラに特有である。
(B) それは他の種類の細胞を攻撃する。
(C) それは平均より大きい。
(D) それは他の種類の細胞に変化することができる。

解説 第2パラグラフ3文めでT-cells — embryonic cells which can **become any kind of tissue cell** と説明されているので、さまざまな細胞に変化できることがわかる。したがって、(D)が正解。

Q9　正解　(A)

パッセージはどんなことを示唆しているか。
(A) 科学者たちは人間の生命を延ばすことを望んでいる
(B) ヒドラの個体数は危険なまでに多い
(C) ヒドラの細胞は人間の細胞に似ている
(D) 人間がヒドラから学べることはほんのわずかである

解説　最後のパラグラフで著者は、ヒドラが人間の寿命の延長に役立つかを自問した後、scientists are still a long way from that goal と述べている。この that goal は人間の寿命の延長のことを指し、つまり科学者はそれを目標としていることがわかる。したがって、(A)はパッセージで示唆されている。(B)については特に触れられておらず、(C) (D)についてはその逆のことが最後のパラグラフで書かれている。

Q10　正解　(C)

パッセージによると、ヒドラは20日ごとにどうなっているか。
(A) 一度繁殖する　　　　　　　　(B) 自分のT細胞をすべて消費する
(C) 自分の組織をすべて入れ換える　(D) 脱皮する

解説　第2パラグラフの最後の文 Every 20 days, every cell in a hydra's body is replaced. より(C)が正解。

Q11　正解　(B)

16行めの longevity と置き換えられるのは以下のどれか。
(A) 細胞の構造　　(B) 長い寿命　　(C) 遺伝子　　(D) 科学的研究

解説　ヒドラの不死性について述べてきた後で、ヒドラの longevity が人間の寿命の延長に役立つだろうか、という問いかけになっているのがこの文の文脈である。よって、longevity は「長寿」というような意味であることがわかる。これに置き換えが可能なのは(B)である。

Vocabulary >>>

☐hydra	ヒドラ 淡水にすむ無脊椎動物で、出芽（無性生殖）または有性生殖によって増える。
☐tubular	[t(j)úːbjulər] **管状の**
☐tentacle	[téntəkl] **触手**
☐immortal	**不死の**（⇔mortal 死ぬ運命にある） c.f. mortals：（死ぬべき運命の）人間
☐reproduce	**繁殖する、再生される**。名詞はreproduction：繁殖
☐embryonic cell	**胚細胞**。embryonic：[èmbriánik] 胚の、初期の 各組織の細胞に分化する前の状態の細胞のこと。生殖細胞ともいう。
☐tissue	[tíʃuː] **組織**、ティッシュペーパー
☐shed	〈不要なものを〉**取り除く**、〈木が葉などを〉落とす、〈動物が皮などを〉脱ぐ Many snakes shed their skins around once a month. （多くのヘビはおよそ1月に1度脱皮する。）
☐cellular	[séljulər] **細胞(状)の**、〈布地が〉目の粗い
☐genetics	**遺伝学**。gene：遺伝子

解答と解説

【Practice Test 2 – Passage 2】

Q 12-21　◎ CD 17

対訳

　スーパーマーケット産業の専門家は、1980年代に販売された全加工食品のうち7パーセント近くが「自然食品」と宣伝されたと見ている。しかし食品会社の多くは、「自然食品」との表示はいい商売になると単純に認識していた。連邦取引委員会の1987年報告書に示された統計によれば、ある調査に参加した米国消費者の63パーセントは、「自然食品は他の食品よりも栄養がある」との意見に賛成した。また、39パーセントが「自然食品」であるとの理由でそちらを選ぶことがよくあると答え、47パーセントが「自然食品」のために1割余計に払っても構わないと答えた。さらに80年代が終わっても、自然食品熱は一向に冷める兆しを見せなかった。

　しかし実のところ、「自然」食品は必ずしも望ましいわけでも自然なわけですらない。例えば、1970年代中ごろから市場に現れた「天然」ポテトチップス。このいわゆる「天然」ポテトチップスは普通、皮をむかずにジャガイモを厚く切り、お洒落なレタリングを施した大きなホイル袋に防腐剤なしにパッケージされ、割高の値段で売られている。時には、そのようなポテトチップスに「海の塩」が含まれていることがある。従来の「陸の」塩でないところがこの商品の優れたところということだが、そんなことは科学的にまったく立証されていない。そのうえ、このポテトチップスのパッケージからは、「天然」ポテトチップスは一般のチップスほどジャンクフードではないとの印象を与える意図が見える。実際には、栄養的に違いはない。どちらもジャガイモという同じ食物から作られている。そして、どちらもたっぷりの油で揚げて加工され、カロリーが高く塩分も多い。

Q 12　正解　(**C**)

2行めのtoutedはどの語と置き換えることができるか。
(A) 名づけられた　　　　　　　　(B) 包装された
(C) 販売を促進された　　　　　　(D) 示唆された

　解説　tout は「（新製品などを）売り込む」の意で、(C)「（宣伝で商品の）販売を促進された」が正解。

Q 13　正解　(**B**)

パッセージから類推できるのは以下のどの記述か。
(A) 1980年代後半には過半数の消費者は「自然」食品によりお金をかけた。

(B) 1990年代には、「自然だ」とされている食品の数は多分増えた。
(C) 「自然」食品の方がそうでないものよりも味がよかった。
(D) アメリカの消費者は一般的に、食品を買うとき、情報に基づいた決断をした。

解説 自然食品を買うのに10パーセントまで余分にお金を払ってもいいといったのは1987年報告書の調査に参加した消費者の47パーセントで、ここから(A)は誤り。(C)(D)は、これを正答にする証拠となる文が本文にないので正解にできない。(B)は、第1パラグラフの最後の文、Furthermore, as the decade ended, the natural food craze showed absolutely no signs of abating. から類推できる。したがって(B)が正解。

Q14 正解 (D)

著者によると、「海の塩」と「陸の」塩ではどちらがいいか。
(A) 「海の塩」の方が「陸の」塩よりいい。
(B) 「陸の」塩の方が「海の塩」よりいい。
(C) それらは同じように健康的である。
(D) 決めることはできない。

解説 著者は(C)のようにはいっていない。本文第2パラグラフの4文めに、Sometimes such chips include "sea salt," a product whose advantage over conventional "land" salt has never been scientifically demonstrated. とあることから、(A)ではない。また(B)とも本文のどこでもいっていない。したがって、(D)が正解。

Q15 正解 (C)

7行めのregularlyと最も意味が近いのはどれか。
(A) 時折 (B) 散発的に、まばらに
(C) 日常的に、定期的に (D) 適切に、厳密に

解説 regularlyはここでは「定期的に」という意味で、(C) routinelyと同義。

Q16 正解 (D)

著者によると、「天然」ポテトチップスと一般のポテトチップスの違いは以下のどれか。
(A) 「天然」ポテトチップスの方が栄養価が高い。
(B) 一般のポテトチップスの方が海の塩が多い。
(C) 「天然」ポテトチップスの方がカロリーが少ない。
(D) 一般のポテトチップスの方が安い。

解説 栄養価に関しては、最後から 2 文めに nutritionally there is no difference とあるので、(A) は該当しない。また、(B) のようには書いていない。(C) も、最後の文に ... both are high in calories and in salt content, as well とあるので該当しない。(D) に関しては、第 2 パラグラフの 3 文めに、These so-called "natural" potato chips are ... sold at a premium price. とあることから「天然」の方が高いので、正解といえる。

Q17 正解（**A**）

一般のポテトチップスに関して、パッセージからどんなことが類推できるか。
(A) それらがジャンクフードであるということに異議を唱える人はいない
(B) それらは実際、「天然」ポテトチップスより栄養価が高い
(C) それらは 1970 年代半ばにはじめて市場に現れた
(D) それらのパッケージは栄養価を強調している

解説 (B) は最後から 2 文めに反する。(C) は「天然」ポテトチップスに関する記述。(D) は、そのように類推できる証拠が本文にない。(A) に関しては、最後から 3 文めから類推することができる。「ジャンクフード」とは、高カロリーだが栄養価の低い即席食品などのこと。

Q18 正解（**B**）

18 行めの intended と最も意味が近いのはどれか。
(A) 保存された (B) 期待された (C) 展示された (D) 扱われた

解説 これらの「天然」ポテトチップスが入っているパッケージは、一般のポテトチップスほどジャンクフードではないという印象を与えることを intend した、とはどういうことか。intended はここでは (B) hoped と同義。

Q19 正解（**A**）

パッセージではなぜ "natural" と引用符がついているのか。
(A) 「自然の」と宣伝されている食品の多くは、本当はあまり自然ではない。
(B) 著者は、広告会社がしばしば使う言葉を引用している。
(C) この言葉は、ほとんどの読者にはなじみが薄いものである。
(D) この言葉は書き言葉ではなく、話し言葉の中でよく使われる。

解説 第 2 パラグラフ 1 文めより (A) が正解。

Q20　正解（B）

パッセージから類推されそうなことは以下のどれか。
(A)「天然」ポテトチップスは、一般のポテトチップスよりも売れている。
(B) 一般のポテトチップスは普通、天然ポテトチップスよりも薄く切られている。
(C)「天然」ポテトチップスは大抵、海の塩で味つけされている。
(D)「天然」ポテトチップスの風味を守るためには大きなホイル袋が必要である。

解説　(A)(D)は、そのように類推できる証拠となる文がパッセージの中にないので正解にできない。(C)は、第2パラグラフの4文めの記述(Sometimes such chips include "sea salt," ...)に反する。(B)は、第2パラグラフの3文めに、These so-called "natural" potato chips are usually cut thick ...とあることから、「天然」のものの方が厚いのでこれが正解。

Q21　正解（A）

パッセージの目的となりそうなのはどれか。
(A) 販売テクニックを批判する（こと）　　(B) 宣伝活動を説明する（こと）
(C) ふたつの製品を比較する（こと）　　　(D) 経済原則を分析する（こと）

解説　このパッセージは「naturalだといって食品を売り込んでいるが、本当に自然というわけではないし、塩分やカロリーが高いという意味では一般のものとまったく同じではないか」といっていることから、(A)に目的がある。

Vocabulary >>>

□tout	[táut] 押し売りする、（新製品などを）売り込む
□poll	（票を）投ずる、世論調査をする
□nutritious	[njuːtríʃəs] 栄養になる、滋養分のある。 名詞は nutrition：[njuːtríʃən] 栄養(物)
□craze	**（一時的な）熱狂**、夢中、大流行。〈人を〉夢中にさせる He has a craze for jazz. （彼はジャズに夢中である。） She started acting like a crazed woman. （彼女は気が触れたかのように振る舞い始めた。）
□abate	衰える、減少する
□unpeeled	皮がむけていない。peel は「皮をむく」の意。
□package	パッケージ（に入れる）、包装する
□preservative	**防腐剤** No Preservatives（防腐剤未使用） 「添加物」は additive、「甘味料」は sweetening。

☐ foil bag	（食品などを包む）**ホイルの袋**	
☐ premium	**割増の**。割増金	
☐ conventional	**伝統的な**	
☐ junk food	**ジャンクフード** カロリーは高いが栄養価の低いインスタント食品など。	
☐ content	**含有量** a low vitamin content（低ビタミン含有量）	

解答と解説

【Practice Test 2 – Passage 3】

Q 22-32　CD 18

対訳

　キリスト教のもうひとつの重要な組織は、2,000年ほどの歴史をもつ男子修道院です。ローマのコンスタンチヌス帝の時代までに、エジプトの男たちはグループをなして聖者の教えを聞きに集まるようになっていました。こうした集会が、最終的に男子修道院として知られる集団へと発達していったのです。修道院はやがて、耕地と数々の建物が小さな居留地を構成する、封土にも似た様相を呈していきました。

　教会がその重要性を増すにつれ、高い壁で防備を固める修道院も出てきました。たまに壁の外側に堀が掘られ、修道院を侵入者から守るために水が満たされたりもしました。最も重要な建物は、たいていは灌木や草花が生い茂る庭園となっている屋外の中庭の周りに建てられました。中庭を取り囲むのはクロイスターとして知られる屋根つき歩廊で、中庭の片側には僧たちが礼拝を捧げる教会が建っています。初期のころには質素な建物で、冬場の寒さはきわめて厳しく、病人や老人は熱したれんがを持ち込んで足を暖めたほどでした。しかし、教会の建物はやがて今日修道院と聞いてわれわれが連想するようなステンド・グラスの窓を配した荘重な石の建造物へと発達したのでした。

　修道院のもうひとつの重要な建物は、中庭をはさんで教会の反対側にあるドミトリーでした。ここには、修道僧が堅いベッドの上で眠った簡素な小部屋がありました。修道院のその他の場所には、僧たちが食事した食堂や写本を行ったり挿絵を描いたりした書写室、病院、家畜小屋などが含まれました。

Q 22　正解（B）

このパッセージの主題は何か。
(A) 男子修道院の発展　　　　　　(B) 男子修道院の基本構成
(C) 男子修道院の中庭の役割　　　(D) 封土としての男子修道院

解説　パッセージ全体を通して、男子修道院の成り立ちや建物などのことが書かれている。これらをまとめたものとしては(B)が最適。(A)や(C)、(D)は話題の中心（主題）とはいえない。

Q 23　正解（D）

パッセージによると、歩廊はどのようなものだったか。
(A) 屋外の庭　　　　　　　　　　(B) 簡素で荒い構造

(C) 修道院の片側に建てられた　　　　(D) 中庭の周りに建てられた

解説　第2パラグラフの4文めに Surrounding the courtyard was a covered walkway known as a cloister, ... とある。つまり、屋根つきの歩廊で、中庭を取り囲んでいるもの。よって、選択肢では(D)が正解。(B)のようなものは初期の教会。(A)も不適当で、(C)についての記述はない。

Q24　正解　(B)

2行めのstretchesと最も意味が近いのはどれか。
(A) 長くなる、伸びる　　　　　　　(B) (時間が)継続する、わたる
(C) 大またに歩く、またぐ　　　　　(D) おおう

解説　stretchは「引き伸ばす、伸びる」という意味だが、ここでは「〈時などが〉(...に)及ぶ、わたる」という意味。したがって選択肢の中では、(B) extendsと同義。

Q25　正解　(C)

パッセージの直前のパラグラフの主題でありそうなのはどれか。
(A) キリスト教教会の歴史　　　　　(B) キリスト教修道院の起源
(C) 別の種類のキリスト教の組織　　(D) 他の組織された宗教の修道院

解説　第1パラグラフのトピックセンテンスには、Another important Christian organization is ...とあることから、このパラグラフの前は(C)「別の種類のキリスト教の組織」について書かれていたものと判断できる。(A)(B)(D)では文脈がつながらない。

Q26　正解　(A)

8行めのfortifiedと置き換えられるのはどれか。
(A) 強化されて　　(B) 建設されて　　(C) 囲まれて　　(D) 舗装されて

解説　教会がその重要性を増すにつれ、いくつかの修道院は高い壁でfortifyされた、というのはどういうことか。fortifyは「防備を固める、強化する」という意味で、strengthen「強くする、丈夫にする、増強する」と同義。したがって、(A) strengthenedが正解。

Q27　正解　(A)

修道院は、元々は何だったか。
(A) 信仰家たちの集まり　　　　　　(B) 建物を集めたもの
(C) 壮大な建造物　　　　　　　　　(D) ローマの農民の住居

解説　2、3文めに「エジプトの男たちが聖者たち(holy men)の教えを聞きに

188

集まるようになり、その集まりがやがて修道院へと発展した」とある。したがって(A)が正解。

Q28 正解 (D)

16行めのmagnificentと最も意味が近いのはどれか。
(A) 興味深い　　(B) 巨大な　　(C) 彫刻された　　(D) 雄大な、壮大な

解説　初期のころ(In the early days ...)は質素な建物だったが、やがてmagnificentな石の建造物へと発達した、とはどういうことか。magnificentは「壮大な、雄大な、豪華な」という意味。したがって、(D) grandと同義。

Q29 正解 (B)

伝統的な修道院において、ドミトリーはどこに位置していたか。
(A) 教会の隣　　(B) 教会の反対側　　(C) 教会の裏　　(D) 教会から離れた所

解説　第3パラグラフの最初の文にlocated across the courtyard from the churchとあることから、(B)が正解。

Q30 正解 (C)

19行めのThisは何を直接指しているか。
(A) 教会　　(B) 中庭　　(C) ドミトリー　　(D) 建物

解説　Thisではじまるこの文の直前には「修道院のもうひとつの重要な建物は、中庭をはさんで教会の反対側にあるドミトリーでした」とある。したがって、Thisは(C) dormitoryを指している。

Q31 正解 (C)

パッセージによると、refectoryは普通、どのような役割を果たすか。
(A) 写本を行う場所　　　　(B) 寝るための場所
(C) 食堂の一種　　　　　　(D) 家畜小屋の一種

解説　最後の文に the refectory where the monks ate their meals, ... とあることから、(C)が正解。

Q32 正解 (B)

パッセージから類推できないのは以下のどれか。
(A) 初期の修道院には効果的な暖房装置がなかった。

(B) 最初のステンド・グラスの窓は初期の修道院で出現した。
(C) 修道士の住居は質素だった。
(D) 若い修道士は寒さにただ耐えるよう強いられた。

解説 (A)(D)は第2パラグラフの最後から2文めの文から類推できる。病人や老人には足を暖める手段があったが若者にはそれもなかったのである。(C)は第3パラグラフの2文めの文から類推できる(living quarters = 住居)。しかし、(B)はパッセージからは類推できない。

Vocabulary »

□monastery	[mánəstèri] (特に男子の)**修道院** 女子の修道院は nunnery、convent という
□Constantine	[kánstəntìːn] **コンスタンティヌス**(ローマ皇帝)
□holy	**神聖な、聖なる** a holy man(聖者)
□feudal estate	**封土** feudal：領地[封土]の、封建(制度)の。estate：地所
□heart	(場所などの)**中心(部)** in the heart of the city(都心に)
□settlement	**居留地**、植民地、村落
□fortify	**防御工事を施す**、要塞化する、防備を固める
□moat	(都市・城壁の周囲に掘られた)**堀**
□courtyard	**中庭**
□shrub	**低木**、灌木
□cloister	(修道院・大学などの中庭の周囲の)**回廊**、歩廊
□monk	**修道士** 俗生活を捨てて修道院(monastery)で生活する男子の修道者
□service	(米では時に複数形で)**礼拝**(の式) church services(教会の礼拝) a marriage service(結婚式)、a funeral service(葬式)
□brick	**れんが**
□cell	**小室**、(修道院付属の)**個室**、(刑務所の)**独房**
□refectory	[rifékt(ə)ri] (修道院・大学などの)**食堂**
□shed	**小屋、物置** a cattle shed(家畜小屋)
□configuration	**形状、外形、配置、輪郭**
□barn	(農家の)**納屋**、牛[馬](の飼料)小屋

解答と解説

【Practice Test 2 – Passage 4】

Q 33-41　 CD 19

対訳

　近代世界において、空間と時間の概念は、われわれの周辺の物事や出来事を組織立てるのに役立っています。これらの概念は、われわれが日常生活を組み立てるうえで中心的な役割を果たし、科学や哲学をとおして自然を理解しようと努めるときに、とても重要になってきます。われわれが知るかぎりの物理学の法則は、すべて何らかの形で空間と時間の概念に基づいています。アインシュタインの相対性理論の重要性も、こうした概念の見方に大きな変革をもたらした事実にあるのです。

　古典物理は、空間と時間に関する確立した定義に基づいたものでした。その中には、「空間はその中に包含される物質的存在とは別に３つの絶対次元の中に存在し、それはユークリッド幾何学の法則にしたがう」という考え方がありました。時間もまた、物質界から独立していると考えられていました。それは均一な割合で流れる絶対的存在で、一個の異次元と同じように考えられていました。西洋では、空間や時間に関するこうした解釈が、哲学者や科学者の脳裏にしっかりと根づき、実際のところそれがあまりに確固としたものであったので、真実として、また、あらためて問うまでもない自然の属性として、簡単に受け入れられていたのです。事実はもはやそうではありません。

Q 33　正解　(C)

このパッセージの表題として最も適しているのは以下のどれか。
(A) 古典物理の現代的な見解
(B) 時間、空間、そしてアインシュタイン
(C) 時間と空間に関する解釈の復習
(D) 科学と哲学の本質

　解説　このパッセージは、第１パラグラフで「日常生活で大きな役割を果たしている時間と空間の概念は、科学や哲学をとおして自然を理解するときの基本的な概念となっている」ということが述べられ、第２パラグラフでは、古典物理における時間と空間の概念が概説されている。この線に沿って考えると、(C)が表題として一番ふさわしい。

191

Q34　正解（D）

1行めのnotionsと最も意味が近いのはどれか。
(A) 価値　　　(B) 態度、姿勢　　(C) 発見　　(D) 概念

解説　空間と時間のnotion、という場合、notionは「**概念**」という意味。(D) conceptsが正解。

Q35　正解（B）

1行めのorderと最も意味が近いのはどれか。
(A) 集める、収集する　　　　　(B) 組織立てる、整理する
(C) 並べる、位置づける　　　　(D) 指導する、指図する

解説　空間と時間の概念がわれわれの周辺の物事や出来事をorderするのに役立っている、というのはどういうことか。さらに、ヒントとしてorder things and events in the environment around usはパッセージの2文めで、organize our everyday livesと言い換えられている。ここではorderは「**整える、整理する**」の意で、(B) organizeと同義。

Q36　正解（B）

2行めのcentralと最も意味が近いのは以下のどれか。
(A) 中央の、中間の　(B) 中心的な　　(C) 重要な　　(D) 関連する

解説　centralという語はThese notions are central to the way we organize our everyday lives, ...というところに出てくる。Theseはspace and timeを指すので、「空間とか時間という概念はわれわれの日常生活を組み立てるうえでcentralなものとなっている」となる。言い換えれば、spaceやtimeを**中心**にわれわれは日常生活を組み立てるということである。したがって、(B) pivotalに**最も**近い。

Q37　正解（B）

著者は古典物理に関してどのように考えていると類推できるか。
(A) 科学的な発展の唯一の根拠となってきた
(B) 時代遅れの時間と空間の概念をもっている
(C) 歴史的には興味深いが、重要な価値は含んでいない
(D) 正当な根拠のない概念を助長してきた

解説　第1パラグラフの最後の文に「アインシュタインの相対性理論が時間と空間に関するわれわれの**見方を大きく変えた**」とある。また、In the Westからはじ

まる最後から2文めに「古典物理では、かつての時間と空間に関する考えが疑われることなく受け入れられていた」とある。これより、今、古典物理を考えれば、(B)のように考えていると類推できる。

Q38 正解 (A)

第1パラグラフの目的は何か。
(A) 導入部を提供すること
(B) 議論を提示すること
(C) トピックについての過去の議論を復習すること
(D) 読者の知識を検査すること

解説 第1パラグラフの内容は「時間と空間の概念は、物理学の基本的概念である」ということで、これから話そうとするパッセージ全体のテーマを紹介する導入部分であると考えられる。よって(A)が正解。

Q39 正解 (A)

11行めのItは以下のどれを直接指しているか
(A) 時間　　　(B) 世界　　　(C) 次元　　　(D) 空間

解説 「時間(Time)もまた、物質界から独立していると考えられていた。それ(It)は、均一な割合で流れる絶対的存在で、…」というのだから、意味的に考えて、(A) Timeが正解とわかる。

Q40 正解 (D)

パッセージによると、古典物理において、時間の特徴ではないものは以下のどれか。
(A) 一定の割合で進むこと
(B) 不変的な特徴をもつこと
(C) 実体的な世界から独立していること
(D) ユークリッドの法則にしたがっていること

解説 11行め、Time was以下の時間に関する記述から、(A)(B)(C)は、それぞれ時間の特徴である。しかし、(D)は空間の特徴である。よって、これが正解。

Q41 正解 (A)

このパッセージに続くパラグラフで最も取り上げそうなのはどれか。
(A) 時間と空間についての現代の考え

193

(B) アインシュタインの相対性理論の仕組み
(C) 科学的に受け入れられた自然の特性
(D) 科学と哲学の本質

解説 第2パラグラフには、古典物理では、空間や時間は物質界から独立していると考えられていた、とあるが、最後の文で、This is no longer the case. と述べている。ここから、(A)が正解。

Vocabulary ≫

☐serve	(人の)役に立つ
☐organize	[ɔ́ːrɡənàiz] 組織する、系統立てる
☐enormously	[inɔ́ːrməsli] 莫大に enormous「巨大な、莫大な」の副詞形
☐physics	物理学
☐Einstein	Albert Einstein [áinstain] アインシュタイン (1879-1955) ドイツ生まれの米国の物理学者。相対性理論の創設者。
☐relativity theory	相対性理論 20世紀はじめに、アインシュタインによって提唱された物理学の基礎理論
☐well-established	基礎のしっかりした、確立[定着]した
☐absolute	[ǽbsəl(j)úːt] 絶対の、絶対的な
☐dimension	次元 of one [two, three] dimension[s] (一[二、三]次元の)
☐material	物質的な、物質(上)の
☐Euclidean geometry	ユークリッドの幾何学 Euclidean：[juːklídiən]ユークリッドの(Euclidの形容詞形) Euclid：[júːklid]ユークリッド(紀元前300年頃のアレクサンドリアの幾何学者) geometry：[dʒiámətri]幾何学
☐ill-founded	正当な理由がない、根拠の薄弱な
☐constant	一定の(⇔variable変化する)
☐tangible	実体的な、触れて感知できる

解答と解説

【Practice Test 2 – Passage 5】

Q 42-50　　CD 20

対訳

　工場や事務所で働く人々の仕事に対する満足度について、近年非常に多くの研究調査が行われています。仕事そのものに対する満足度は、熟練した工場労働者や職人たちの作業においてそれが仕事全体の完成につながるものである場合に、よく見られるようです。仕事仲間との友好的な関係と同様、仕事の多様性もまた、工場で働く人々と事務所で働く人々の双方にとって重要です。

　満足度に影響をおよぼす他の要素としては、独自の決定を行い、責任を負う自由に価値が置かれていますが、社会的関係が中でも一番重要のようです。満足度は、手際のよい柔軟な監督とリーダーシップ、そして作業方法に変更があれば、それをあらかじめ相談してくれることなどにも関係してきます。一般的に人間関係のからむ仕事は、そうでない仕事よりも、満足度が大きいようです。

　人々の仕事に対する姿勢は、年齢、性別、性格、文化的期待度といった、時を追って変化する要素によって影響されます。たとえば、女性は昔から、男性ほどの権限や地位、収入を与えられなくても、仕事に対する満足度は男性よりも大きいと思われてきました。実際、女性たちはそれで満足していたのでしょう。しかし、女性が自己の役割を再評価するにしたがって、彼女たちの期待や満足度は変わってきました。仕事が納得のゆく社会環境を与えてくれるなら、人は普通年をとるにつれて仕事に一層大きな喜びを見出します。たいていの場合、人は年をとればとるほど、男性であれ女性であれ年長者がある程度は手に入れる権威や尊敬といったものを（敢えて）示してみせる必要がなくなります。そしてこのことが、職場での対人関係を最も重要なものにしているのです。一方、若者の場合は仕事の性質や目的をより重視する傾向にあります。

Q 42　正解（**A**）

パッセージから、仕事の満足度に関して著者が信じていると類推できることは以下のどれか。
(A) 社会的関係は、責任の量よりも仕事の満足度に影響を与える。
(B) 社会的関係は、多様性よりも仕事の満足度に影響を与える。
(C) 工場や事務所で働く人々は、変更についてあらかじめ相談されることを必要としない。
(D) 工場労働者は、仕事の多様性に高い価値を置いていない。

解説 (B)は、パッセージでは社会的関係と多様性を比較していないので正解にできない。また、第2パラグラフの2文めにSatisfaction is also linked ... with being consulted in advance about changes in work methods.とあることから、(C)と思っているはずはない。(D)は、最初のパラグラフの3文めのVariety is also important to both factory and office workers, ...という記述に反する。(A)なら、第2パラグラフの最初の文から類推することが可能。

Q43 正解 (B)

パッセージから類推できそうもないものは以下のどれか。
(A) 若者は、年配の人々よりも仕事の意味について関心をもっている。
(B) 女性は、地位や権威、収入が劣っていても、男性よりも仕事に満足している。
(C) 熟練した工場労働者は、仕事全体を終える方を好む。
(D) 大部分の人々は、他の人々と働くことを含む仕事をもつことを好む。

解説 まず、類推できるものを消去していく。(A)は最後の文から、(C)は最初からふたつめの文から、(D)は第2パラグラフの最後の文から類推できる。しかし、(B)に関しては、以前はそのように思われていたが（were traditionally assumedから）、女性が自己の役割を再評価するようになってから their expectations and level of satisfaction changed（第3パラグラフ4文め）とあるため類推できない。

Q44 正解 (C)

9行めのtactfulと最も意味が近いのはどれか。
(A) 力強い　　　(B) 有能な　　　(C) 如才ない　　　(D) 有能な

解説 満足度はtactfulで柔軟性のある監督とリーダーシップに関係している、とはどういうことか。tactfulは「如才ない、気転のきく」という意味で、(C) diplomaticと同義。

Q45 正解 (D)

11行めのIn generalは以下のどの語句と置き換えることができるか。
(A) それでもなお、それにもかかわらず
(B) 回想して、振り返ってみると
(C) その結果（として）、したがって
(D) 全般的に、概して

解説 in generalは「一般に、概して」の意で、by and largeと置き換えることができる。

Q46　正解（A）

パッセージによると、人々の仕事に対する姿勢に関して正しいのは以下のどれか。
(A) それらは、人々が年をとるにつれて変わる。
(B) 若い人々は、年配の人々ほど仕事に満足していない。
(C) 大部分の人々は、他人とグループで働く方を好む。
(D) 人々の姿勢は、納得のゆく環境で働けば、積極的になるだろう。

解説　(A)は最後から２文めの文の記述と一致する。(B)(C)(D)に関しては本文のどこにも書いていない。agreeable surroundings「納得のゆく環境」。

Q47　正解（D）

パッセージによると、人々は雇用者に以下のどのような資質があると最も満足するか。
(A) 親近感　　　(B) 責任能力　　　(C) 技能　　　(D) 柔軟性

解説　第２パラグラフの２文めにSatisfaction is also linked with tactful and flexible supervision and leadership ...とあることから、(D)が正解。

Q48　正解（C）

パッセージによると、仕事の満足度に影響を与えるものとして最も重要なのは以下のどの項目か。
(A) 意思決定の自由　　　　　　(B) 高収入を稼ぐこと
(C) よい人間関係　　　　　　　(D) 変更について相談されること

解説　第２パラグラフの最初の文にsocial relationships seem to be most important, ...とあることから、(C)が正解。

Q49　正解（D）

パッセージから、最近の女性は自分たちの母親と比べてどのような傾向があると類推できるか。
(A) 実質的にさらに少ないお金しか稼げない
(B) 自分たちの仕事により満足している
(C) 自分たちが若いときに、仕事をより楽しむ
(D) 仕事に対する不満足をより我慢している

解説　第３パラグラフの２～４文めから、(D)が類推できる。

Q50 正解 (B)

このパッセージに続くパラグラフはどのような内容を扱うだろうか。
(A) 職場において、対人関係がいかに重要か
(B) 仕事をはじめたばかりの段階では、人は仕事に対してどのように感じるか
(C) 年配の労働者の仕事への期待は、年とともにどのように変わっていくか
(D) 収入の増加が、若い労働者の仕事に対する満足度にどのように影響するか

解説 第3パラグラフでは、まず、女性が仕事に対してどう感じているか、次に、年配の人が仕事に対してどう感じているかが述べられている。さらに話は、若者の場合に移行しているので、この後にパラグラフが続くとしたら、それは若者が仕事に対してどう感じているかについてであると考えられる。よって、(B)が正解。

Vocabulary >>>

□numerous	多数の、多数からなる
□investigative	[invéstəgèitiv] 調査の、研究の 動詞はinvestigate：[invéstəgèit] 調査する、研究する 名詞はinvestigation：[invèstəgéiʃən] 調査 We are investigating the cause of the accident. （その事故の原因を調査中である。） It is under investigation.（それは調査中である。）
□craftsman	職人、技術家
□tactful	気転のきく、人の気をそらさない。名詞は tact：気転 It wasn't very tactful of you to tell him in front of others. （他人のいる前で彼にいうとは君もずいぶん気がきかないね。）
□flexible	融通のきく、適応性のある、弾力的な work flexible hours（始業・終業の時間を自由に選択して働く）
□supervision	監督、管理 under the supervision of ...（...の監督下に）
□consult	意見を聞く、相談する、調べる consult one's lawyer（弁護士の意見を求める） consult a dictionary（辞書を調べる） 名詞はconsultation：相談。consultant：顧問（技術者など）
□status	地位、身分
□income	（定期的に入る）収入、所得 have an income of $100 a week（週100ドルの収入がある）
□redefine	再評価する
□agreeable	愛想のいい、受け入れられる

Chapter 4

仕上げのテストで成果をチェック

FINAL TEST

これまでの学習成果を確かめながら、本番へ向けた最後の仕上げをしよう。

- FINAL TEST を受けるにあたって …… p.200
- FINAL TEST …… p.201
- FINAL TEST　正答一覧 …… p.219
- FINAL TEST　スコア換算式 …… p.220
- 解答と解説 …… p.221
- Final Checkpoints …… p.239

FINAL TESTを受けるにあたって

　いよいよ、最後の力試しである。これまで各自、本書の Practice Tests の勉強と並行して、Intensive Reading（精密読み）、Extensive Reading（広範読み）を実施してきただろうか。ノートを作るなどして、語彙力増強のための努力をしてきただろうか。一般教養や背景的知識をつけるべく、広く偏りなく知識を吸収するように心がけることができただろうか。特に英語になると一層難しく感じてしまう苦手な分野に関しては、本や雑誌を読むようにしてきただろうか。FINAL TEST を受けるにあたって、これまでの復習を十分しただろうか。全体を総括して、「自分はやるだけのことはやった」といえるだろうか。ここまで、地道に勉強してこられた方は、もう本番の準備は万端である。

　さて、FINAL TEST を受けるにあたっては、本番同様、時間をセットして、環境も整えて臨んでいただきたい。試験時間は55分である。

FINAL TEST
READING COMPREHENSION

Time: 55 minutes (including the reading of the directions)

Directions: In this section you will read several passages. Each one is followed by a number of questions about it. For questions 1-50, you are to choose the one best answer, (A), (B), (C), or (D), to each question. Then, on your answer sheet, find the number of the question and fill in the space that corresponds to the letter of the answer you have chosen.

Answer all questions about the information in a passage on the basis of what is stated or implied in that passage.

Read the following passage:

> While only a few groups of birds sing, nearly all have the same vocal system by which they communicate. Alarm calls, for example, are used to signal the approach of a predator. In order not to reveal their position, many
> Line small birds give a shrill whistling warning call that is like a ventriloquist's voice,
> 5 and which is hard for the predator, such as an owl or a fox, to locate.

Example 1: Sample Answer
 (A) ● (C) (D)

According to the passage, many birds use a "shrill whistling warning call" in order to
(A) locate predators
(B) signal the approach of foxes and owls and the like
(C) frighten predators away
(D) reveal their position

According to the passage, in order to signal the approach of a predator such as an owl or a fox, many small birds give a shrill whistling warning call. Therefore, you should choose (B).

201

Example 2: Sample Answer

● Ⓑ Ⓒ Ⓓ

The word "shrill" in line 4 is closest in meaning to
(A) high-pitched
(B) loud
(C) alarming
(D) frightful

The word "shrill," as it is used in line 4 "a shrill whistling warning call," has the meaning of "high-pitched" or "piercing." Therefore, you should choose (A).

Now begin work on the questions.

Q 1-13

When we prohibit something, we demand that something not be used or an activity not engaged in. When a prohibited activity is engaged in anyway, there are various actions that those in authority may take. Historically, the most famous example of this was the period in American history called Prohibition. This refers to the years between 1920 and 1933 when the U.S. government acted to compel observance of an amendment to the Constitution making the possession and consumption of alcoholic beverages illegal. This was a controversial and widely broken law. To show how capriciously this law was enforced, liquor was even served privately in the White House during the administration of President William Harding. More importantly, the prohibition law, or rather its failure to end common consumption of alcohol, showed that when laws which are sure to be disobeyed are enacted, more harm than good may result. Consider the underworld images of gangsters, bootleggers, rumrunners, and the Mafia — all thoughts that come to mind when recollecting the years of the 1920s.

The United States now finds itself in an age which provides more than its share of drug-related crime and violence, and more than its share of substance abusers. Many social critics find analogous the Prohibition of the 1920s and early 1930s and the government's position regarding drugs in recent years. They argue that attempts to eliminate drugs by making them illegal are a priori doomed to failure. This may be an extreme position; however, the issue remains as to whether the so-called "War on Drugs" has any more likelihood of stemming the flow and consumption of drugs than Prohibition had of eliminating alcohol use in the Twenties. Despite the laws against them, illegal drugs continue to be widespread in American society. Worse, they give rise to dangerous crime and violence in areas where they are bought and sold, not to mention the increase in unemployment levels that frequently accompanies habitual drug use. While it cannot be denied that excess consumption of alcohol, tobacco, or any other drug is unhealthy and should be avoided, the similarities between these two above-mentioned examples make it natural for comparisons to be made and questions to be raised about how much social change can be brought about through law.

Q1

What is the main topic of this passage?
(A) Ways of reducing illegal drug consumption
(B) A comparison between two types of bans
(C) Law and contemporary society
(D) A definition of prohibition

Q2

According to the passage, what effect did Prohibition actually have?
(A) It served to reduce alcohol abuse.
(B) It had no discernible effect at all.
(C) It led many people to break the law.
(D) It served to reduce crime.

Q3

The word "This" in line 4 refers to which of the following?
(A) History
(B) Prohibition
(C) Period
(D) Example

Q4

The word "enacted" in line 12 is closest in meaning to
(A) performed
(B) passed
(C) practiced
(D) patterned

Q5

What can be inferred from the passage about President Harding?
(A) He was the president sometime between 1920 and 1933.
(B) He was a strong supporter of Prohibition.
(C) He was not required to obey all the laws of the U.S.
(D) He would be categorized as a substance abuser today.

Q6

The word "analogous" in line 17 is closest in meaning to
(A) reprehensible
(B) unfortunate
(C) comparable
(D) tenuous

Q7

According to the author, when is a law likely to do more harm than good?
(A) When the law is certain to apply to just a few people
(B) When the law is an amendment to the Constitution
(C) When the law is ignored by authorities
(D) When the law is certain not to be observed by the people

Q8

What are the "two examples" referred to by the author in line 28?
(A) The consumption of alcohol and illegal drugs
(B) The nature of alcohol and illegal drugs
(C) Prohibition and the War on Drugs
(D) The social conditions of the 1920s and those of the present

Q9

What is probably the author's main purpose in writing this passage?
(A) To argue that Prohibition was not able to accomplish its aims
(B) To raise the question of why tobacco is not more carefully regulated
(C) To propose alternative measures for handling the illegal drug problem
(D) To stimulate debate on the role of legislation in effecting social change

Q 10

Where in the passage does the author ask the reader to visualize some ramifications of Prohibition?
(A) Lines 1-2
(B) Lines 4-7
(C) Lines 12-14
(D) Lines 17-18

Q 11

Which of the following is NOT mentioned as a consequence of sustained drug use?
(A) Greater joblessness
(B) Increased violence
(C) Higher truancy rates
(D) An upsurge in crime

Q 12

Which of the following is an example of the inconsistent enforcement of laws banning the consumption of alcohol?
(A) The rise of the Mafia during the 1920s
(B) The controversial nature of Prohibition
(C) The widespread importation of bootleg rum
(D) The secret drinking of an important public official

Q 13

What does the author think about the War on Drugs?
(A) He feels it should help to reduce the number of drug abusers.
(B) He doubts that it has much possibility of being successful.
(C) He predicts that the government will soon change its policy.
(D) He suspects it will not be supported by the government.

Q 14-22

The idea for an official Father's Day celebration came to a married daughter seated in a church in Spokane, Washington as she listened to a Sunday sermon on Mother's Day in 1910, two years after the first Mother's Day observance in West Virginia. The daughter was Mrs. Sonora Smart Dodd. During the sermon Mrs. Dodd realized that in her family it had been her father who had sacrificed the most for the family, raising six children alone following the premature death of his wife in childbirth. Her proposed Father's Day celebration received strong support from the town's ministers. The date suggested for the celebration, June 5, Mrs. Dodd's father's birthday — a mere three weeks away — had to be moved back to the 19th, because ministers claimed they needed the extra time to prepare their sermons.

Gradually, nationwide interest in the celebration increased. Father's Day, however, was not so quickly accepted as was Mother's Day. Members of an all-male Congress felt that a move to proclaim an official Father's Day might be interpreted as a congratulatory pat on their own backs. Eventually, in 1972 Father's Day was made official by President Richard Nixon. Historians seeking an ancient precedent for the holiday have come up with only one — the ancient Romans, every February, honored fathers, but only those deceased.

Q 14

What is this passage mainly about?
(A) The value of Father's Day
(B) How Father's Day is best celebrated
(C) The origin of Father's Day
(D) Government opposition to Father's Day

Q 15

According to the passage, where in the United States was the idea of Father's Day first conceived?
(A) Washington, D.C.
(B) Spokane, Washington
(C) West Virginia
(D) Rome, Georgia

Q 16

According to the passage, in what year was the first Mother's Day observed?

(A) 1908
(B) 1910
(C) 1912
(D) 1972

Q 17

The word "sacrificed" in line 5 is closest in meaning to

(A) cost
(B) given up
(C) kept
(D) offered

Q 18

The word "proclaim" in line 13 is closest in meaning to

(A) declare
(B) propose
(C) initiate
(D) assess

Q 19

According to the passage, who provided support for the original proposal for a local Father's Day observance?

(A) Politicians
(B) Fathers
(C) Richard Nixon
(D) Religious leaders

Q 20

Why was Congress reluctant to make Father's Day official?

(A) They thought it would detract from the Mother's Day celebration.
(B) They were afraid it would appear to be self-serving.
(C) They believed there were too many holidays already.
(D) They did not want to provide support for a religious holiday.

Q21

The phrase "those deceased" in line 17 is closest in meaning to

(A) those who were present
(B) those who were courageous
(C) those who were wealthy
(D) those who were dead

Q22

Which of the following statements about the ancient Roman Father's Day can be inferred from the passage?

(A) It was a solemn occasion.
(B) It was only observed for fathers in poor health.
(C) It was not quickly accepted by the population.
(D) It was observed only by people of high social standing.

Q 23-32

Researchers at the University of Southern California concluded that the brain uses a Morse-like electrical code of dots and dashes to store memories. Nerve cells in the brain create memories by passing messages among themselves, and these messages consist of electrical pulse "dots" separated by silent "dashes." The number of pulses and the length of the quiet pauses determine the memory. Previous research indicated that brain-cell messages were simply based on the number of electrical discharges during a given time period. The USC explanation suggested instead that it is the pattern of the discharges that forms the messages. The code was discovered after analyzing the intervals between electrical discharges from nerve cells in a monkey's brain as the monkey responded to changes in a blinking light's frequency and color. The nerve pulses ranged from simple pairs of signals to increasingly complex triplets, quadruplets, and other patterns. According to the researchers, the complexity of the code offered a possible explanation of how the brain is able to process enormous amounts of information in a very short time.

Q 23

What is the main topic of this passage?
(A) Problems involved in doing research on the brain
(B) The frequency of electrical discharges in the brain
(C) Discoveries about how the brain stores memories
(D) Recent experiments on monkey brains

Q 24

The USC research indicated that memory is created by
(A) the number of electrical discharges in a certain period
(B) the pattern of electrical discharges
(C) nerves cells exchanging "dots"
(D) brain cells passing silent "dashes" among themselves

Q 25
The word "passing" in line 3 is closest in meaning to
(A) guiding
(B) arranging
(C) creating
(D) sending

Q 26
The word "themselves" in line 3 refers to which of the following?
(A) nerve cells
(B) memories
(C) messages
(D) pulse "dots"

Q 27
It can be inferred from the passage that "Morse" refers to a type of
(A) electrical pulse
(B) brain cell
(C) code
(D) nerve cell

Q 28
Where in the passage does the author refer to earlier research on nerve cell activity in the brain?
(A) Lines 1-4
(B) Lines 6-7
(C) Lines 7-11
(D) Lines 11-12

Q 29

The word "discharges" in line 7 is closest in meaning to
(A) breakdowns
(B) displacements
(C) absorptions
(D) releases

Q 30

According to the passage, which of the following CANNOT be inferred?
(A) The nerve pulses are arranged in patterns.
(B) "Dots" are always followed by "dashes."
(C) Monkeys are able to see colors.
(D) Brain cells are constantly exchanging messages.

Q 31

According to the passage, the brain may be able to process huge amounts of information because
(A) the code is so simple
(B) only "dots" and "dashes" are used
(C) of the complexity of the memory codes
(D) of the arrangement of "dashes"

Q 32

It can be inferred from the passage that the USC researchers assumed that
(A) monkey brains and human brains function in the same way
(B) the brain's memory codes are too complex to be understood
(C) individual nerve cells contain fixed information
(D) memory is related to the number of brain cell discharges

Q 33-42

When a particle is suspended in a gas, gas molecules collide with it. If the particle is very large, the number of bombarding molecules on one side is about equal to the number of bombarding molecules on the other side. However, if the particle is small, so that the number of bombarding molecules at any instant is small, collisions on one side of the particle may predominate, so that the particle experiences a net force which causes it to move. This motion is technically referred to as Brownian motion, after the scientist who first discovered it. An analog of Brownian motion is observed when a small chunk of bread is thrown on the surface of a pond in which there are many small fish. The bread darts to and fro as if propelled by some concealed power, the invisible force being due to the bumping of the nibbling fish. The larger the piece of bread, the less erratic its motion.

Q 33

What is the best title for this passage?
(A) The Motion of Gas Molecules
(B) Practical Applications of Molecular Motion
(C) Reasons for Molecular Collisions
(D) A Description of Brownian Motion

Q 34

Why does the author include the example of the bread in the pond?
(A) To show how the laws of physics can explain the movement of the bread
(B) To make it easier for the reader to understand the main point
(C) To show that the size of the bombarding particle is irrelevant
(D) To show that the force may be undetectable

Q 35

The phrase "collide with" in line 1 is closest in meaning to
(A) hit
(B) slide around
(C) run over
(D) avoid

Q 36

The word "it" in line 6 refers to which of the following?
(A) One side of the particle
(B) Net force
(C) The particle
(D) This motion

Q 37

According to the passage, the term "Brownian motion" received its name from
(A) the person who discovered it
(B) the place where it was discovered
(C) the motion of brown bread in the water
(D) the "Browning effect"

Q 38

Which of the following is necessary for a particle to move to and fro?
(A) Its surface area must be instantaneously bombarded.
(B) It must be bombarded on only one side.
(C) It must be stationary when it is bombarded.
(D) Its surface area must be disproportionately bombarded.

Q 39

Which of the following can be inferred with respect to the particles that stay less erratic?
(A) They must be similar in chemical composition.
(B) The particles must be larger.
(C) The particles must be significantly heavier.
(D) The number of particles must be greater.

Q 40

The word "invisible" in line 10 is closest in meaning to

(A) indivisible
(B) unseen
(C) unpredictable
(D) unstoppable

Q 41

The word "erratic" in line 11 is closest in meaning to

(A) forceful
(B) systematic
(C) coherent
(D) irregular

Q 42

Which of the following would the author predict if a large chunk of bread were thrown into the fishpond?

(A) Its motion would be unaffected by the fish.
(B) It would always move in the same direction.
(C) Its motion would be relatively smooth.
(D) It would be attacked by larger numbers of fish.

Q 43-50

With the Supreme Court ruling in 1896 that the "separate but equal" doctrine did violate the spirit of the Constitution of the United States, it appeared that the South had established two societies, even more separate than they had been before the Civil War. Not only were there separate schools, toilets, and streetcars, but there were separate occupations, businesses, vocabulary, and even a separate Christianity.

The informal code governing interracial contact in the South became as formal in practice as any law. Blacks could not look directly into the eyes of whites, always used the back door in public buildings, and were expected to sit at the back of all public transportation. Blacks might have occasionally been the objects of white charity, but only if they accepted white values, including the central tenet of black inferiority.

Booker T. Washington did not go quite that far. But he did raise a great deal of money among white philanthropists for the Tuskegee Institute, which he directed, and in white society he was the most influential African-American of his day. He was even invited to have lunch with President Theodore Roosevelt at the White House. He often exhorted his fellow blacks to become productive members of society, to earn — not demand — equality. But Washington branded a discussion of true social equality "the extremist folly," and he seemed to accept the laws requiring racial separation. "In all things that are purely social," Washington said, "we can be as separate as the fingers, yet one as the hand in all things essential to mutual progress."

Yet, Washington was a strong advocate of the right to vote for all. He campaigned vigorously against practices which allowed poor whites to vote, but kept blacks in the same condition from the polling booths. But most whites only heard Washington's seeming renunciation of equality. This was one time that they took the black man at his word.

Q 43

What was true of the social situation in the South at the end of the 19th century?
(A) It was gradually becoming more egalitarian.
(B) There were many formal laws governing interracial contact.
(C) Whites were quick to give charity to poor blacks.
(D) Most rules regarding relations between blacks and whites were unwritten.

Q 44

The word "violate" in line 2 is closest in meaning to
(A) conform to
(B) go against
(C) redefine
(D) reconsider

Q 45

The author's attitude toward Booker T. Washington could perhaps best be characterized as
(A) worshipful
(B) disdainful
(C) objective
(D) apathetic

Q 46

With respect to Booker T. Washington, it can be inferred from the passage that
(A) he truly felt that blacks were inferior to whites
(B) he preferred the company of whites to that of blacks
(C) many whites misunderstood his true feelings
(D) many whites considered him their equal

Q 47

The word "branded" in line 18 is closest in meaning to
(A) anticipated
(B) labeled
(C) stigmatized
(D) perceived

Q 48

The word "advocate" in line 23 is closest in meaning to
(A) champion
(B) attorney
(C) antagonist
(D) orator

Q 49

Where in the passage does the author give specific instances of segregationist practices?
(A) Lines 1-4
(B) Lines 4-6
(C) Lines 7-8
(D) Lines 10-12

Q 50

Which of the following pieces of advice would Booker T. Washington likely have given to his fellow African-Americans at the turn of the century?
(A) Do whatever the white man says.
(B) Demand your social equality.
(C) Learn a marketable job skill.
(D) Attend church regularly.

This is the end of the FINAL TEST.
If you finish in less than 55 minutes, check your work on the test.

FINAL TEST　正答一覧

1	C	11	C	21	D	31	C	41	D
2	C	12	D	22	A	32	A	42	C
3	B	13	B	23	C	33	D	43	D
4	B	14	C	24	B	34	B	44	B
5	A	15	B	25	D	35	A	45	C
6	C	16	A	26	A	36	C	46	C
7	D	17	B	27	C	37	A	47	B
8	C	18	A	28	B	38	D	48	A
9	D	19	D	29	D	39	B	49	B
10	C	20	B	30	B	40	B	50	C

FINAL TEST　スコア換算式

● FINAL TEST スコア換算表

　実際のTOEFLではどの程度のスコアを獲得できるのか、FINAL TESTの結果からあなたの予想スコアを算出してみよう。下記の換算表は、TOEFL受験経験者の方々を対象に編集部が実施した、モニターテストの結果に基づいて作成されたものである。現在の実力を知るための目安にしてほしい。

●計算方法

(1) まずFINAL TESTの正答数を合計する。
(2) 下の換算表を見て、正答数から換算値(最大値と最小値)を出す。
(3) 最大値および最小値にそれぞれ10を掛ける。これによって得られたふたつの数字の間に、あなたの予想スコアが入ることになる。

> 【計算例】
> 正答数 40 の場合
> ・最小値 55 × 10 = 550
> ・最大値 57 × 10 = 570
> ・予想スコアは［550～570］の間ということになる。

(4) この予想スコアは、あくまでもリーディング・セクションの実力をもとに割り出したものである。他のセクションの成績によって最終スコアが上下することはいうまでもない。

●スコア換算表

正答数	換算値
48～50	63～67
45～47	60～62
42～44	57～59
39～41	55～57
36～38	53～55
33～35	51～53
30～32	49～51
27～29	46～48
24～26	43～45
21～23	40～42
18～20	37～39
15～17	34～36
12～14	31～33
9～11	31
0～8	31

●あなたの予想スコア

正答数	予想スコア
	～

解答と解説

Q 1-13

◎ CD 21

対訳

　何かを禁止するとき、あるものの使用や行為の中止が命じられる。いずれにしろ、禁止行為が行われた際に権力側が取りうる措置はさまざまだ。歴史的に見ると、この例として、最も有名なのがアメリカ史上禁酒法時代と呼ばれる期間である。これは、アメリカ政府が酒精飲料の所有と消費を違法とする憲法修正条項の遵守を強要した1920年から1933年の時代を指す。禁酒法は論争の的になり、広く破られた法律であった。ハーディング大統領時代のホワイトハウスで内密に酒が振る舞われてもいたことは、この法律の施行がいかにいい加減だったかを示している。もっと重要なことは、禁酒法、というより酒の消費を禁止できなかったということが、違反されることが確実な法律を施行すると、いい結果を生まず、むしろ害をもたらしうることを示したことだ。ギャング、密売者、密輸業者、マフィアなど1920年代から連想される暗黒街のイメージを考えてみたまえ。

　アメリカは今、多くの麻薬関連犯罪および暴力、それに麻薬常習者を抱えた時代にある。社会評論家の多くは、1920年代および1930年代前半の禁酒法時代と近年の麻薬に対する政府の姿勢の間に見られる類似性を指摘する。彼らは、違法とすることで麻薬を根絶しようとする試みは、はじめから失敗する運命にあると主張する。これは極端な考えかもしれない。しかし、20年代禁酒法による酒精使用根絶の可能性以上に、いわゆる「麻薬戦争」が麻薬の蔓延と消費をくい止める可能性をもっているかどうかに関しては問題が残る。麻薬を取り締まる法律があっても、違法麻薬はアメリカ社会にはびこり続けている。さらに悪いことに、麻薬常習に伴いがちな失業の増加はいうに及ばず、麻薬が売買される地域では危険な犯罪や暴力を生んでいる。酒精、タバコ、その他いかなる麻薬も、過度に消費すれば健康に有害であり、避けるべきであることは否定できない一方で、上述したふたつの事例の類似性からこの比較は理にかなっており、法律によってどの程度社会変化を達成できるかについて疑問が起こるのも当然である。

Q 1　正解 (C)

このパッセージの主題は何か。
(A) 違法麻薬の消費を減らす方法　　(B) 2種類の禁止の比較
(C) 法律と現代社会　　(D) 禁止の定義

解説　内容をまとめると、「アメリカでは1920年から1933年まで禁酒法が施行されていたが、この法律は守られるどころか、お酒に絡んでより多くの犯罪が起きた。現在麻薬の使用は法律で禁止されているが、麻薬絡みの犯罪は多発しており、

221

麻薬の使用を禁止する法律が社会の中で果してどれだけ効力があるのか問われている」となろう。つまりこのパッセージは(C)「法律と現代社会」について書かれている。

Q2　正解（C）

パッセージによると、禁酒法は実際どのような結果をもたらしたか。
(A) それはアルコールの乱用を減らすのに役立った。
(B) それには認識できる効果がまったくなかった。
(C) それは多くの人々に法律を破らせた。
(D) それは犯罪を減らすのに役立った。

　解説　設問1の解説に記したように、この法律は社会では広く守られなかった。ということは、(C)が正解。discernible「認められる、認識[識別]できる」。

Q3　正解（B）

4行めのThisは以下のどれを指しているか。
(A) 歴史　　　　(B) 禁酒法時代　　(C) 期間　　　　(D) 例

　解説　3～4文めに「歴史的に、この最も有名な例がアメリカの歴史におけるProhibitionと呼ばれる期間である。This（これ）は、the years between 1920 and 1933を指す」とある。This=the years between 1920 and 1933で、the years between 1920 and 1933 = Prohibition（禁酒法実施期間=禁酒法時代）のことだから、This = Prohibitionとわかるだろう。正解は(B)。

Q4　正解（B）

12行めのenactedと最も意味が近いのはどれか。
(A) 〈約束・命令などを〉果たした、実行した
(B) 〈法案を〉承認した、可決した
(C) 〈...を〉実行した、〈...を〉遵守した
(D) [...に]ならって〈...を〉作った

　解説　when laws ... are enacted, ...から、enactは「(法律を)規定する」という意味であることが推測できる。したがって、enactedはここでは(B) passedと意味が近い。

Q5　正解（A）

ハーディング大統領に関して、パッセージからどんなことが類推できるか。
(A) 彼は1920年から1933年の間のどこかで大統領だった。
(B) 彼は禁酒法の強い支持者だった。
(C) 彼は合衆国のすべての法律を守ることを要求されたわけではなかった。
(D) 彼は、今日ではかなりの乱用者と分類できるだろう。

解説　(B)は、第1パラグラフの6文めに... liquor was even served privately in the White House during the administration of President William Hardingとあることから類推しにくい。また、(C)や(D)のように類推できる部分は本文にない。しかし、(A)は、上記の英文のように「ハーディング大統領政権下のホワイトハウスでひそかに飲まれていた」とあるので、ハーディングが大統領だった期間は禁酒法実施期間に含まれる、と類推できる。

Q6　正解（C）

17行めのanalogousと最も意味が近いのはどれか。
(A) 非難すべき、ふらちな　　　　(B) 不運な、嘆かわしい
(C) 相当する、類似の　　　　　　(D) 薄い、細い、薄弱な

解説　analogousという語は、Many social critics find analogous the Prohibition of the 1920s and early 1930s and the government's position regarding drugs in recent years.というところに出てくる。そしてこれ以降は現代の麻薬撲滅運動が当時の禁酒法の実態とよく似ていることが述べられている。この文の流れを考えれば、analogousは「類似して」という意味であることが推測できる。したがって、選択肢では、(C) comparableと意味が近い。

Q7　正解（D）

著者によると、法律はどのようなときに良い結果より悪い結果をもたらすか。
(A) 法律が明らかにごくわずかの人々だけに適用されるとき
(B) 法律が憲法の修正条項であるとき
(C) 法律が官憲に無視されるとき
(D) 法律が人々に遵守されないことが明らかなとき

解説　最初のパラグラフの最後から2文めに、... when laws which are sure to be disobeyed are enacted, more harm than good may resultとあることから、(D)が正解。

Q8 正解 (C)

28行めで著者が言及している"two examples"とは何か。
(A) アルコールと違法麻薬の消費
(B) アルコールと違法麻薬の性質
(C) 禁酒法時代と麻薬戦争
(D) 1920年代の社会状況と現在のそれ

解説 第2パラグラフでは、Prohibitionとthe War on Drugsの類似した実態を例に、最後は、法律がどれだけ社会に変化をもたらせるか議論の余地がある、と結んでいる。したがってtwo examplesとは(C) Prohibition and the War on Drugsのこと。

Q9 正解 (D)

著者がこのパッセージを書いた主な目的はおそらく何か。
(A) 禁酒法はその目的を達成することができなかったと主張すること
(B) タバコがより慎重に規制されないのはなぜか、問題提起すること
(C) 違法麻薬問題に対処する別の方策を提案すること
(D) 社会に変化をもたらす法律の役割についての議論を刺激すること

解説 このパッセージはまず、最初のパラグラフに、禁酒法が制定され、アルコールの所有や消費が禁止されたが、実際にはこの法律は遵守されなかったこと、さらにこれに伴ってさまざまな社会問題が浮上したことが書かれている。そして次のパラグラフでは、現代は麻薬の蔓延が問題になっているが、麻薬の使用禁止がもたらしている問題は禁酒法がもたらした問題と似ていることを指摘している。そして法律がどれだけ社会に変化をもたらすか、つまり法律の役割を改めて考える必要があることを訴えている。これらのことから、このパッセージを書いた主な目的は(D)であると考えられる。measure「方策、法案、法令」。legislation「法律、法令」。

Q10 正解 (C)

著者はパッセージのどこで、禁酒法の結果を思い浮かべるよう読者に求めているか。
(A) 1-2行め (B) 4-7行め (C) 12-14行め (D) 17-18行め

解説 visualize「思い浮かべる」。ramification「(派生した)効果、結果」。禁酒法の結果は、最初のパラグラフの最後に、Consider the underworld images of gangsters, bootleggers, rumrunners, and the Mafia — all thoughts that come to mind when recollecting the years of the 1920s.という部分に述べられている。したがって、(C)が正解。

Q11 正解 (C)

麻薬の使用を続けた結果として述べられていないものは以下のどれか。
(A) 増大する失業
(B) 増加する暴力
(C) より高い無断欠席率
(D) 犯罪の急激な上昇

解説 sustain「持続させる、続ける」。パッセージの最後から2文めに、Worse, they give rise to dangerous crime and violence in areas where they are bought and sold, not to mention the increase in unemployment levels that frequently accompanies habitual drug use. とある。ここから、(A)(B)(D) は述べられていることがわかるが、(C) に関してはどこにも述べられていない。したがってこれが正解。truancy「無断欠席、ずる休み」。upsurge「(急激な)高まり」。

Q12 正解 (D)

アルコールの消費を禁じた法律の施行で矛盾しているのは以下のどの例か。
(A) 1920年代のマフィアの台頭
(B) 禁酒法の物議をかもす本質
(C) 密造酒の輸入の蔓延
(D) 政府高官によるひそかな飲酒

解説 これは、アルコールは飲んではいけないといっておきながら、矛盾していると思われるのは何か、という問題。(A)(B)(C) は該当しない。(D) は、禁酒法の施行と矛盾した行為である。

Q13 正解 (B)

著者は麻薬戦争についてどのように思っているか。
(A) 彼は、それは麻薬乱用者が減るのを助けるだろうと感じている。
(B) 彼は、それが成功する可能性はあまりないと思っている。
(C) 彼は、政府はその政策をすぐに変えるだろうと予測している。
(D) 彼は、それは政府に支持されないだろうと思っている。

解説 著者は禁酒法が守られずに犯罪が増したことに関連して、麻薬(撲滅)戦争がどれだけ効果があるか疑わしく思っているのだから、(B) が正解。

225

Q 14-22

◎ CD 22

対訳

　公に父の日を祝おうという考えが、ワシントン州スポケーンの教会に座っていたある既婚の娘の頭に浮かんだのは、彼女がウエストバージニア州での最初の母の日の行事から2年後の1910年の母の日に、日曜の説教を聞いていたときのことでした。その娘はソノラ・スマート・ドッドでした。説教の間にドッド夫人は、自分の家族の中で家族のためにほとんどを犠牲にしてきたのは、出産がもとで妻が早死にした後、ひとりで6人の子どもを育てた父親であることに気がついたのでした。彼女の父の日の提案は、町の聖職者たちに強く支持されました。祝日の日として提案されたドッド夫人の父親の誕生日である6月5日は、たった3週間先のことで、聖職者たちが説教の準備をするのにもっと時間が必要だと主張したため、19日に動かされなければなりませんでした。

　しだいに、その祝日に関する国全体の関心が高まりました。しかし父の日は、母の日のようにすぐには受け入れられませんでした。全員男性であった議会のメンバーには、公に父の日を宣言しようという動きは、自分自身の背中を叩いて祝うように解釈されるのではないかと感じたのです。結局、1972年にリチャード・ニクソン大統領によって父の日が公式に定められました。昔の父の日の先例を探した歴史学者たちは、唯一の事例を発見しています。古代ローマ人が毎年2月に、父親の栄誉をたたえていましたが、故人のみでした。

Q 14　正解　(C)

このパッセージは主に何について書かれたものか。
(A) 父の日の価値　　　　　　(B) 最高の父の日の祝い方
(C) 父の日の起源　　　　　　(D) 父の日に対する政府の反対

　解説　パッセージでは、父の日がどのように決まったのか、そのいきさつが述べられているので、(C)が正解。

Q 15　正解　(B)

パッセージによると、父の日に関する考えは、アメリカのどこで最初に思いついたか。
(A) ワシントンD.C.　　　　　(B) ワシントン州スポケーン
(C) ウエストバージニア州　　(D) ジョージア州ローマ

　解説　conceiveは「〈考え・意見などを〉いだく、〈計画などを〉思いつく」の意。父の日を祝おうという考えは、パッセージの1文めにあるように、Mrs. Sonora Smart Doddが Washington州のSpokane にある教会で日曜の説教(a Sunday sermon)を聞いていたときに思い浮かんだことなので、(B)が正解。

Q16 正解 (A)

パッセージによると、はじめて母の日が祝われたのは何年か。
(A) 1908年　　　(B) 1910年　　　(C) 1912年　　　(D) 1972年

解説　最初の文に... in 1910, two years after the first Mother's Day observance ...(「最初の母の日の行事から2年後の1910年」)とあることから、(A)が正解。

Q17 正解 (B)

5行めのsacrificedと最も意味の近いのはどれか。
(A) (お金・費用が) かかった　　　(B) あきらめた、放棄した
(C) 保持した、保った　　　(D) 提供した、申し出た

解説　文中には、... Mrs. Dodd realized that in her family it had been her father who had sacrificed the most for the family, ...とある。Mrs. Doddは、自分の家では出産がもとで母親が早死にした後、ひとりで6人の子どもを育てた父親が家族のためにほとんどをsacrificedしたと気づいたのである。sacrificeは「...を犠牲にする」という意味で、ここでは give up と意味が近い。give up A for Bで「BのためにAを捨てる」という意味。

Q18 正解 (A)

13行めのproclaimと最も意味が近いのはどれか。
(A) 宣言する、公表する　　　(B) 提案する、企てる
(C) はじめる、てほどきする　　　(D) 評価する、査定する

解説　「全員が男性からなる議会では、公に父の日をproclaimする動きは...」という文脈から、proclaimは「宣言する」という意味であることが推測できる。これに最も意味が近いのは、(A) declare。

Q19 正解 (D)

パッセージによると、地元の父の日の行事の最初の提案を支持したのは誰か。
(A) 政治家たち　　　(B) 父親たち
(C) リチャード・ニクソン　　　(D) 宗教指導者たち

解説　4文めにHer proposed Father's Day celebration received strong support from the town's ministers.とあることから、(D)が正解。

Q20 正解 (B)

議会は公に父の日を設けることをなぜしぶったのか。
(A) 彼らは、それは母の日のお祝いを損ねるだろうと思ったから。
(B) 彼らは、それは利己的であるように見えるだろうと心配したから。
(C) 彼らは、すでに休日が多すぎると思ったから。
(D) 彼らは、宗教的な休日に支持を与えたくなかったから。

解説 第2パラグラフの3文めから、(B)が正解。self-servingは「(真実や人の正当な利益より)自己の利益に奉仕する[なる]、私利的な、利己的な」の意。

Q21 正解 (D)

17行めのthose deceasedと最も意味が近いのはどれか。
(A) 出席した人々　　　　　　　(B) 勇敢だった人々
(C) 裕福だった人々　　　　　　(D) 亡くなった人々

解説 deceasedというのは形容詞で「死去した」という意味。deceaseは「死亡(=death)」、「死ぬ」という意味。dieは「死ぬ」の最も一般的な語だが、deceaseはえん曲表現で、法律用語としても用いられる。したがって、those deceasedは(D) those who were deadと同じ。

Q22 正解 (A)

パッセージから、古代ローマの父の日について類推できるのは以下のどの記述か。
(A) それは厳粛な出来事だった。
(B) それは身体の弱い父親たちだけのために祝われた。
(C) それは住民にはすぐに受け入れられなかった。
(D) それは社会的に地位の高い人だけによって祝われた。

解説 最後の文に「故人となった父親の栄誉をたたえた」とあることから、(A)「厳粛な出来事」だったと類推できる。observe「(儀式・祭礼を)挙行[執行]する、祝う」。standing「地位、身分」。

Q 23-32

◎ CD 23

対訳

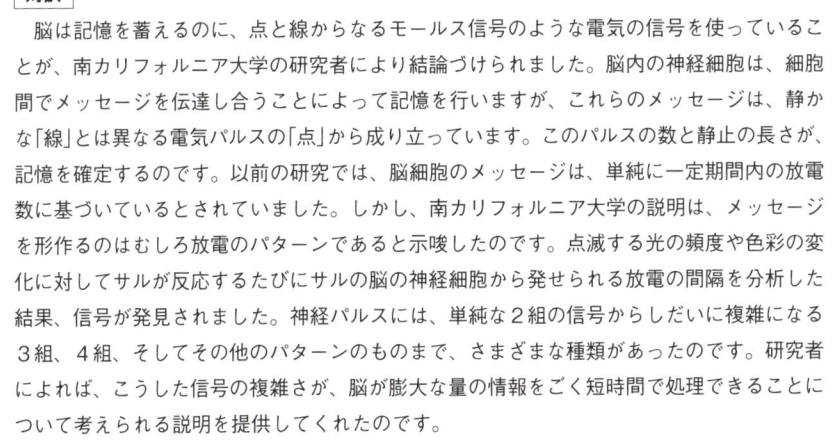

　脳は記憶を蓄えるのに、点と線からなるモールス信号のような電気の信号を使っていることが、南カリフォルニア大学の研究者により結論づけられました。脳内の神経細胞は、細胞間でメッセージを伝達し合うことによって記憶を行いますが、これらのメッセージは、静かな「線」とは異なる電気パルスの「点」から成り立っています。このパルスの数と静止の長さが、記憶を確定するのです。以前の研究では、脳細胞のメッセージは、単純に一定期間内の放電数に基づいているとされていました。しかし、南カリフォルニア大学の説明は、メッセージを形作るのはむしろ放電のパターンであると示唆したのです。点滅する光の頻度や色彩の変化に対してサルが反応するたびにサルの脳の神経細胞から発せられる放電の間隔を分析した結果、信号が発見されました。神経パルスには、単純な2組の信号からしだいに複雑になる3組、4組、そしてその他のパターンのものまで、さまざまな種類があったのです。研究者によれば、こうした信号の複雑さが、脳が膨大な量の情報をごく短時間で処理できることについて考えられる説明を提供してくれたのです。

Q 23　正解　(C)

このパッセージの主題は何か。
(A) 脳についての研究を行うことに含まれる問題
(B) 脳内における放電の頻度
(C) 脳がどのように記憶を蓄えるかに関する発見
(D) サルの脳に関する最近の研究

解説　パッセージの1文めに「脳は点と線からなるモールス信号のような電気の信号を使っていることが結論づけられた」とある。このパッセージは、脳はどのように記憶を蓄えるのか、その研究を紹介していることから、正解は(C)。

Q 24　正解　(B)

南カリフォルニア大学の研究によると、記憶は何によって作られるか。
(A) 一定期間内の放電数
(B) 放電のパターン
(C) 「点」を交換する神経細胞
(D) それ自身の中で静かな「線」を送る脳細胞

解説　「南カリフォルニア大学の説明は、メッセージを形作っているのは放電のパターンであると示唆した」(5文め)というのだから、(B)が正解。

229

Q25 正解 (D)

3行めのpassingと最も意味が近いのはどれか。
(A) 導くこと	(B) 用意すること、配列すること
(C) 創出すること	(D) 送ること

解説 passはここでは「送る」の意で、sendと最も意味が近い。

Q26 正解 (A)

3行めのthemselvesは以下のどれを指しているか。
(A) 神経細胞　　(B) 記憶　　(C) メッセージ　　(D) パルスの「点」

解説 themselvesは Nerve cells in the brain create memories by passing messages among themselves, ...に出てくる。「脳の中の神経細胞は、互いにメッセージを送りながら記憶する」というので、意味的にthemselvesは(A) nerve cellsを指していることがわかる。

Q27 正解 (C)

パッセージから、Morseとは一種の何だと類推できるか。
(A) 電気パルス　　(B) 脳細胞　　(C) 信号　　(D) 神経細胞

解説 パッセージの1文めに a Morse-like electrical code「モールス(信号)のような電気の信号」とあることから、これは一種の(C)「信号」だと類推できよう。

Q28 正解 (B)

脳内の神経細胞の活動に関する初期の研究について著者が述べているのはパッセージのどの部分か。
(A) 1-4行め　　(B) 6-7行め　　(C) 7-11行め　　(D) 11-12行め

解説 Previous researchからはじまる文が、初期の研究に関して述べられている部分で、それはパッセージの6行めから7行めにあるので、正解は(B)。

Q29 正解 (D)

7行めのdischargesと最も意味が近いのはどれか。
(A) 故障　　(B) 転置　　(C) 吸収　　(D) 放出

解説 electrical dischargesは「放電(電気の放出)」を意味する。ここでdischargesに一番意味が近いのはreleasesで(D)が正解。ちなみにreleaseには「放出する」という動詞の意味もある。

Q30　正解（B）

パッセージによると、類推できないのは以下のどれか。
(A) 神経パルスはパターンに配列されている。
(B) 「点」の後には常に「線」が続く。
(C) サルは色を見分けることができる。
(D) 脳細胞は常にメッセージを交換している。

解説　(B)「『点』の後には常に『線』が続く」と類推できる記述はないので、これが正解。(A)は5文めから、(C)は6文めから、(D)は2文めから類推可能。

Q31　正解（C）

パッセージによると、脳が莫大な量の情報を処理することができるかもしれないのはどのような理由からか。
(A) 信号はとても単純である（から）
(B) 「点」と「線」しか使われない（から）
(C) 記憶の信号の複雑さ（のため）
(D) 「線」の配列（のため）

解説　最後の文のthe complexity of the code offered a possible explanation of how the brain is able to process enormous amounts of information ...より、(C)が正解。

Q32　正解（A）

パッセージから、南カリフォルニア大学の研究者はどのようなことを想定していると類推できるか。
(A) サルの脳と人間の脳は同じように機能する
(B) 脳の記憶の信号は、理解するには複雑すぎる
(C) 個々の神経細胞は固定化した情報を含む
(D) 記憶は脳細胞の放電の数に関連している

解説　(B)(C)(D)に関しては、研究者がそのように想定していたといえる、証拠となる文がパッセージにないので、正解にはできない。一方(A)に関しては、人間の記憶の研究を、サルを使って明らかにしようとしていることから、研究者は「サルの脳と人間の脳は同じように機能する」ものと想定しているといえる。したがって、正解は(A)。

Q 33-42

対訳

CD 24

　気体中に粒子が浮遊していると、気体の分子がそれに衝突します。その粒子が非常に大きい場合、粒子の片面に衝突する分子の数は、反対側の面に衝突する分子の数とほぼ同数になります。しかし粒子が小さければ、衝突する分子数はいずれにしても少なくなり、粒子の片方の面における衝突が優勢になって、粒子はそれを動かす合力を受けることになるのです。この運動が、最初にそれを発見した科学者の名をとって、専門的にはブラウン運動として言及されるものです。ブラウン運動によく似た現象は、小魚がたくさんいる池の水面に小さなパンのかたまりが投げ込まれたときにも観察されます。パンは何か隠された力、その目に見えない力は魚がパンのかたまりをつつくことにより起こるものですが、その力に駆り立てられるかのように、水面を行ったり来たりします。パンが大きいほど、その動きの乱れは少なくなるのです。

Q 33　正解（D）

このパッセージに対して最もよい表題は何か。
(A) 気体の分子の運動　　　　　(B) 分子の運動の実践的応用
(C) 分子が衝突する理由　　　　(D) ブラウン運動の説明

解説　このパッセージは池の中のパンを使ってブラウン運動を概説したものなので、(D)が正解。

Q 34　正解（B）

なぜ著者は池の中のパンの例を挙げているのか。
(A) 物理の法則ではパンの動きをどう説明できるか示すため
(B) 読者が要点を理解しやすくするため
(C) 衝突する粒子の大きさは無関係であることを示すため
(D) 力は検出できないかもしれないことを示すため

解説　一般になじみの薄いブラウン運動の概念も、身近な例を出して説明されればそれだけ理解しやすい。著者も、(B)「読者が要点を理解しやすくするため」にその例を出したと考えられる。

Q 35　正解（A）

1行めのcollide withと最も意味が近いのはどれか。
(A) …にぶつかる、衝突する　　　(B) …を避けてとおる

(C) ...の上を走る、車でひく　　　　　(D) ...を避ける

解説　気体(gas)中の粒子(particle)の動きは、パンのかたまり(ここではparticleの代わり)を池の中に投げて、それを魚(molecules＝分子の代わり)がつついて動く現象に例えている。このことから、当該部分の「分子は粒子にcollideする」は、「魚がパンにbump(最後から２文め)する」に対応する表現とわかり、「衝突する、ぶつかる」という意味だと類推できよう。したがって、この意味に最も近い語は(A) hit。

Q36　正解　(C)

6行めのitは以下のどれを指すか。
(A) 粒子の片面　　(B) 合力　　(C) 粒子　　(D) この運動

解説　itは、... so that the particle experiences a net force which causes it to moveに出てくる。「粒子(the particle)はそれを動かす合力を受けることになる」というのだから、意味的に考えて、itはthe particleを指していることがわかる。したがって、正解は(C)。

Q37　正解　(A)

パッセージによると、Brownian motionとはどこからきた名前か。
(A) それを発見した人　　　　　(B) それが発見された場所
(C) 水中における黒パンの運動　(D)「褐色化効果」

解説　4文めのThis motion is technically referred to as Brownian motion, after the scientist who first discovered it. から、(A)が正解。brown bread「黒パン」。

Q38　正解　(D)

粒子が行ったり来たりするのに必要なのは以下のどれか。
(A) その表面部分は瞬時に衝突されなければならない。
(B) それは片面だけに衝突されなければならない。
(C) 衝突されるとき、それは静止状態でなければならない。
(D) その表面部分は不均等に衝突されなければならない。

解説　パンの例で、パンが池の表面を行ったり来たりするのはパンの片面を魚がつつくからである。もし両面を同時かつ均等につついたら、パンは静止したままになる。このことから、粒子が行ったり来たりするには、(D)「その表面部分は不均等に衝突されなければならない」といえる。

Q39　正解（B）

動きの乱れが少ない粒子に関して類推することができるのは以下のどれか。
(A) それらは化学成分が似ている。　　(B) 粒子はより大きいに違いない。
(C) 粒子はかなり重いに違いない。　　(D) 粒子の数がより多いに違いない。

　解説　パンの例では、パンが大きければ、パンが表面を行ったり来たりする動きは少なくなる。同じように、粒子もより大きければ動きの乱れは少なくなる。よって、(B)のように類推できる。

Q40　正解（B）

10行めのinvisibleと最も意味が近いのはどれか。
(A) 分割できない　(B) 目に見えない　(C) 予測できない　(D) 止められない

　解説　invisibleはnot visibleと同じ。visibleは「目に見える」という意味だから、invisibleは「目に見えない」で、(B) unseenが正解。

Q41　正解（D）

11行めのerraticと最も意味が近いのはどれか。
(A) 強力な　　　(B) 体系的な　　　(C) 一貫した　　　(D) 不規則な

　解説　particleが小さいと粒子の片方の面における衝突が優勢になって動く（3文め）が、パンのかたまりが大きければ大きいほど、the less erratic its motionだ（最後の文）というのである。ここからless erraticは不規則な動きをすることは少ない、という意味になることがわかる。erraticは「不規則な」という意味で、ここでは(D) irregularと同じ。

Q42　正解（C）

もし大きなパンのかたまりが養魚池に投げ込まれたらどうなると著者は予測しているか。
(A) その動きは魚に影響されないだろう。
(B) それは常に同じ方向に動くだろう。
(C) その動きは比較的スムーズだろう。
(D) それはより多くの魚につつかれるだろう。

　解説　最後の文The larger the piece of bread, the less erratic its motion. から、(C)が正解。

Q 43-50

◎ CD 25

対訳

　1896年の最高裁判決により、「分離すれども平等に」との信条がアメリカ合衆国憲法の精神を打ち破ったことで、アメリカ南部諸州は南北戦争以前よりはるかに分離されたふたつの社会を確立したようだった。そこでは、学校、トイレ、路面電車はもとより、職業、ビジネス、語彙、さらにはキリスト教までもが分離された。

　南部諸州での人種間接触を取り締まる非公式の決まりが、事実上法律と同じくらい公式のものとなった。黒人が白人を直視することは許されていなかったし、公共建造物ではいつも裏口から出入りし、すべての公共交通機関で後部座席に座ることを求められた。時には、彼らが白人による慈善行為の対象となることはあったが、それは黒人の劣性という主要見解を含め、白人側の価値観を受け入れた場合のみだった。

　ブッカー・T・ワシントンはそんなことまではしなかったが、自ら学長を務めるタスキーギー大学のために白人慈善家から多額の寄付を集めた。そして彼は当時、白人社会において最も影響力のあるアフリカ系アメリカ人となった。彼はホワイトハウスでのセオドア・ルーズベルト大統領との昼食会にも招待された。彼はよく、社会の生産的な一員となって平等を獲得 ― 要求するのではなく ― するよう、黒人同胞に熱心に呼びかけた。しかし、ワシントンは真の社会的平等についての議論に対して「過激主義的愚考」との烙印を押し、人種間の分離を要求する法律を容認していたようだ。ワシントンはこういっていた。「純粋に社会的なあらゆる事柄において、わたしたちは5本の指のように分かれていることができます。それでも相互の発展に不可欠なあらゆる事柄においては、この手のようにひとつなのです」

　それでも、ワシントンはすべての者の選挙権獲得を強く主張した。彼は白人貧困層に投票権を認めながら同様の境遇の黒人を投票所から遠ざけておく慣行に対し、激しい反対運動を展開した。しかし、ほとんどの白人が耳を貸すことといえば、ワシントンの平等放棄とも思える見解だけだった。そんなときでもなければ、黒人のいうことなどに聞く耳をもたなかったのだ。

Q 43　正解 (**D**)

19世紀末の南部の社会状況にあてはまるのはどれか。
(A) それは徐々に平等になってきていた。
(B) 人種間の接触を統制する正式な法律がたくさんあった。
(C) 白人は貧乏な黒人にすぐに救済を施した。
(D) 黒人と白人の関係に関する大部分の規則は書き記されていなかった。

解説　まず(A)に関しては、... even more separate than they had been before the Civil War（第1パラグラフ1文め）に反する。(B)は、The informal code governing interracial contact in the South became as formal in practice as any law. (第２パラグラフ１文め) という記述に反する。(C)は、Blacks might have occasionally been the objects of white charity, ... (第２パラグラフ３文め) に反する。しかし、(D)なら、The informal code governing interracial contact ... (第２パラグラフ１文め) という記述と一致する。

Q44　正解　(B)

2行めのviolateと最も意味が近いのはどれか。
(A) ...に一致する、したがう　　(B) ...に反する
(C) 定義し直す、再調査する　　(D) 再考する

解説　パッセージは、separate but equalと判決を下した連邦最高裁の決定は合衆国憲法をviolateするものである、ということだが、これは、黒人を白人とseparateしてもいいという判決は憲法に「違反する」ものである、というように考えることができ、(B) go againstが正解とわかる。

Q45　正解　(C)

ブッカー・T・ワシントンに対する著者の態度は、どのように特徴づけられるか。
(A) 信心深い、敬けんな　　(B) 軽蔑的な
(C) 客観的な　　(D) 無関心な、冷淡な

解説　本文では、影響力の大きいアフリカ系アメリカ人の一人として、ブッカー・T・ワシントンの言動を紹介している。その記述の姿勢は、ワシントンに対して好意的とも批判的ともいえない客観的なものである。したがって正解は(C)。

Q46　正解　(C)

ブッカー・T・ワシントンに関して、パッセージからどのようなことが類推できるか。
(A) 彼は、黒人は白人より劣っていると本当に感じていた
(B) 彼は、黒人との親交よりも白人との親交を好んだ
(C) 多くの白人は、彼の本当の気持ちを誤解した
(D) 多くの白人は、彼を自分たちと平等であると考えた

解説　(A)のように思わせる記述はパッセージにない。むしろお互いの進歩のために白人と手を取り合って一丸となれる(we can be ... one as the hand in all things essential to mutual progress)といっていることから、黒人は白人に劣っているとは思っていないであろう。(B)のように思わせる記述もパッセージにはない。(D)に関しては、彼は白人の慈善家から資金を提供してもらったり、ルーズベルト大統領から昼食に誘われたりしたが、白人たちが彼を自分たちと平等だと考えたと思

わせる記述はない。(C)に関しては、彼はすべての人に選挙権を与えることを強く提唱したが、最後から2文めに... most whites only heard Washington's seeming renunciation of equality とあるのでこれが正解。

Q47　正解（B）

18行めのbrandedと最も意味が近いのはどれか。
(A) 〈...を〉予測した、〈...を〉未然に防いだ
(B) 〈～を...と〉呼んだ、レッテルをはった
(C) 〈...に〉汚名を着せた
(D) 〈...に〉気づいた、〈...を〉理解した

解説　brandedという語はBut Washington branded a discussion of true social equality "the extremist folly," and he seemed to accept the laws requiring racial separation. という文に出てくる。ワシントンは本当の社会的平等(true social equality)などというものは「過激論者の愚考」だとbrandしたのである。ここでは、(B) labeledに近い。

Q48　正解（A）

23行めのadvocateと最も意味が近いのはどれか。
(A) (主義・主張のために戦う)闘士、擁護者、優勝者
(B) (事務)弁護士
(C) (敵意のある)敵対者、相手
(D) 演説者、雄弁家

解説　advocateという語はYet, Washington was a strong advocate of the right to vote for all. という文に出てくる。ワシントンは、すべての人に選挙権をと強く「advocateした人」なのである。advocateは動詞では「提唱する」だが、名詞では「提唱者」という意味である。したがって、「(主義・主張のために戦う)闘士、擁護者」という意味をもった(A) championが正解。

Q49　正解（B）

著者はパッセージのどの部分で差別主義者の慣行の具体的な例を述べているか。
(A) 1-4行め　　　(B) 4-6行め　　　(C) 7-8行め　　　(D) 10-12行め

解説　南部における差別の具体的な慣習例はパッセージの2文めに、separate school、toiletsなどが挙げられている。したがって、(B)が正解。

Q 50　正解（C）

ブッカー・T・ワシントンは世紀の変わり目に、彼の仲間のアフリカ系アメリカ人に対して、以下のうちどのようなアドバイスを与えたと思われるか。
(A) 白人のいうことは何でもやれ。
(B) 自分の社会的平等を要求せよ。
(C) 市場向きの仕事のスキルを学べ。
(D) 教会に定期的に出席せよ。

解説　(A)や(D)はパッセージで述べられていない。(B)については、「要求」するのではなく「獲得」するように呼びかけたのである。これに対して、(C)については、第3パラグラフ4文めのHe often exhorted his fellow blacks to become productive members of society, …から類推されるアドバイスである。marketable「市場向きの、売れる」。

Final Checkpoints

　FINAL TEST の結果はいかがだろう。何点取れただろうか。ここでは以下の項目を使って自分の実力を最終チェックしてほしい。

FINAL TEST　スコア　合計（　　　　）/ 50 問中

1 □　制限時間 55 分以内に全問解答できる。
2 □　未知の語が少なくなった。
3 □　英語が文頭から理解できるようになった。また日本語に訳したり、返り読みしたりしないで読める。
4 □　苦手な分野からの問題にもどうにか対処できる。
5 □　全体の構成を考えながらパッセージを読める。
6 □　読解問題の質問を、パッセージの内容の予測や速解・速答に役立てている。
7 □　パッセージの長さに慣れ、速読できるようになった。
8 □　読解問題の出題形式と解法がわかる。
9 □　意味のわからない語が出てきても止まらずに先へ読み進むことができるようになった。また未知の語は文脈を利用して意味を判断できる。
10 □　集中して読むことができる。

　以上の項目に該当するものが少なかった人はまだまだ努力する必要がある。もう一度、Chapter 2 を読み直して、勉強の対策を立て、もっと力を入れて勉強してほしい。また、最終的に全項目をクリアできるようになるまで、該当しなかった項目には特に集中して勉強していただきたい。一度勉強したことを繰り返すことも大切だ。パッセージに出てきた語彙をもう一度復習してみよう。

PRIMARY TEST Answer Sheet

Be sure to blacken completely the circle that corresponds to your answer choice.
Completely erase errors or stray marks.

CORRECT	WRONG	WRONG	WRONG	WRONG
Ⓐ Ⓑ ● Ⓓ	Ⓐ Ⓑ Ⓒ Ⓓ	Ⓐ Ⓑ Ⓒ Ⓓ	Ⓐ Ⓑ Ⓒ Ⓓ	Ⓐ Ⓑ ● Ⓓ
NAME (Print)				

Section 3

1 Ⓐ Ⓑ Ⓒ Ⓓ	11 Ⓐ Ⓑ Ⓒ Ⓓ	21 Ⓐ Ⓑ Ⓒ Ⓓ	31 Ⓐ Ⓑ Ⓒ Ⓓ	41 Ⓐ Ⓑ Ⓒ Ⓓ
2 Ⓐ Ⓑ Ⓒ Ⓓ	12 Ⓐ Ⓑ Ⓒ Ⓓ	22 Ⓐ Ⓑ Ⓒ Ⓓ	32 Ⓐ Ⓑ Ⓒ Ⓓ	42 Ⓐ Ⓑ Ⓒ Ⓓ
3 Ⓐ Ⓑ Ⓒ Ⓓ	13 Ⓐ Ⓑ Ⓒ Ⓓ	23 Ⓐ Ⓑ Ⓒ Ⓓ	33 Ⓐ Ⓑ Ⓒ Ⓓ	43 Ⓐ Ⓑ Ⓒ Ⓓ
4 Ⓐ Ⓑ Ⓒ Ⓓ	14 Ⓐ Ⓑ Ⓒ Ⓓ	24 Ⓐ Ⓑ Ⓒ Ⓓ	34 Ⓐ Ⓑ Ⓒ Ⓓ	44 Ⓐ Ⓑ Ⓒ Ⓓ
5 Ⓐ Ⓑ Ⓒ Ⓓ	15 Ⓐ Ⓑ Ⓒ Ⓓ	25 Ⓐ Ⓑ Ⓒ Ⓓ	35 Ⓐ Ⓑ Ⓒ Ⓓ	45 Ⓐ Ⓑ Ⓒ Ⓓ
6 Ⓐ Ⓑ Ⓒ Ⓓ	16 Ⓐ Ⓑ Ⓒ Ⓓ	26 Ⓐ Ⓑ Ⓒ Ⓓ	36 Ⓐ Ⓑ Ⓒ Ⓓ	46 Ⓐ Ⓑ Ⓒ Ⓓ
7 Ⓐ Ⓑ Ⓒ Ⓓ	17 Ⓐ Ⓑ Ⓒ Ⓓ	27 Ⓐ Ⓑ Ⓒ Ⓓ	37 Ⓐ Ⓑ Ⓒ Ⓓ	47 Ⓐ Ⓑ Ⓒ Ⓓ
8 Ⓐ Ⓑ Ⓒ Ⓓ	18 Ⓐ Ⓑ Ⓒ Ⓓ	28 Ⓐ Ⓑ Ⓒ Ⓓ	38 Ⓐ Ⓑ Ⓒ Ⓓ	48 Ⓐ Ⓑ Ⓒ Ⓓ
9 Ⓐ Ⓑ Ⓒ Ⓓ	19 Ⓐ Ⓑ Ⓒ Ⓓ	29 Ⓐ Ⓑ Ⓒ Ⓓ	39 Ⓐ Ⓑ Ⓒ Ⓓ	49 Ⓐ Ⓑ Ⓒ Ⓓ
10 Ⓐ Ⓑ Ⓒ Ⓓ	20 Ⓐ Ⓑ Ⓒ Ⓓ	30 Ⓐ Ⓑ Ⓒ Ⓓ	40 Ⓐ Ⓑ Ⓒ Ⓓ	50 Ⓐ Ⓑ Ⓒ Ⓓ

Practice Test 1 Answer Sheet

Be sure to blacken completely the circle that corresponds to your answer choice.
Completely erase errors or stray marks.

CORRECT	WRONG	WRONG	WRONG	WRONG
Ⓐ Ⓑ ● Ⓓ	Ⓐ Ⓑ Ⓒ Ⓓ	Ⓐ Ⓑ Ⓒ Ⓓ	Ⓐ Ⓑ Ⓒ Ⓓ	Ⓐ Ⓑ ● Ⓓ
NAME (Print)				

Section 3

1 Ⓐ Ⓑ Ⓒ Ⓓ	11 Ⓐ Ⓑ Ⓒ Ⓓ	21 Ⓐ Ⓑ Ⓒ Ⓓ	31 Ⓐ Ⓑ Ⓒ Ⓓ	41 Ⓐ Ⓑ Ⓒ Ⓓ
2 Ⓐ Ⓑ Ⓒ Ⓓ	12 Ⓐ Ⓑ Ⓒ Ⓓ	22 Ⓐ Ⓑ Ⓒ Ⓓ	32 Ⓐ Ⓑ Ⓒ Ⓓ	42 Ⓐ Ⓑ Ⓒ Ⓓ
3 Ⓐ Ⓑ Ⓒ Ⓓ	13 Ⓐ Ⓑ Ⓒ Ⓓ	23 Ⓐ Ⓑ Ⓒ Ⓓ	33 Ⓐ Ⓑ Ⓒ Ⓓ	43 Ⓐ Ⓑ Ⓒ Ⓓ
4 Ⓐ Ⓑ Ⓒ Ⓓ	14 Ⓐ Ⓑ Ⓒ Ⓓ	24 Ⓐ Ⓑ Ⓒ Ⓓ	34 Ⓐ Ⓑ Ⓒ Ⓓ	44 Ⓐ Ⓑ Ⓒ Ⓓ
5 Ⓐ Ⓑ Ⓒ Ⓓ	15 Ⓐ Ⓑ Ⓒ Ⓓ	25 Ⓐ Ⓑ Ⓒ Ⓓ	35 Ⓐ Ⓑ Ⓒ Ⓓ	45 Ⓐ Ⓑ Ⓒ Ⓓ
6 Ⓐ Ⓑ Ⓒ Ⓓ	16 Ⓐ Ⓑ Ⓒ Ⓓ	26 Ⓐ Ⓑ Ⓒ Ⓓ	36 Ⓐ Ⓑ Ⓒ Ⓓ	46 Ⓐ Ⓑ Ⓒ Ⓓ
7 Ⓐ Ⓑ Ⓒ Ⓓ	17 Ⓐ Ⓑ Ⓒ Ⓓ	27 Ⓐ Ⓑ Ⓒ Ⓓ	37 Ⓐ Ⓑ Ⓒ Ⓓ	47 Ⓐ Ⓑ Ⓒ Ⓓ
8 Ⓐ Ⓑ Ⓒ Ⓓ	18 Ⓐ Ⓑ Ⓒ Ⓓ	28 Ⓐ Ⓑ Ⓒ Ⓓ	38 Ⓐ Ⓑ Ⓒ Ⓓ	48 Ⓐ Ⓑ Ⓒ Ⓓ
9 Ⓐ Ⓑ Ⓒ Ⓓ	19 Ⓐ Ⓑ Ⓒ Ⓓ	29 Ⓐ Ⓑ Ⓒ Ⓓ	39 Ⓐ Ⓑ Ⓒ Ⓓ	49 Ⓐ Ⓑ Ⓒ Ⓓ
10 Ⓐ Ⓑ Ⓒ Ⓓ	20 Ⓐ Ⓑ Ⓒ Ⓓ	30 Ⓐ Ⓑ Ⓒ Ⓓ	40 Ⓐ Ⓑ Ⓒ Ⓓ	50 Ⓐ Ⓑ Ⓒ Ⓓ

Practice Test 2 Answer Sheet

Be sure to blacken completely the circle that corresponds to your answer choice.
Completely erase errors or stray marks.

CORRECT	WRONG	WRONG	WRONG	WRONG
Ⓐ Ⓑ ● Ⓓ	Ⓐ Ⓑ Ⓒ̵ Ⓓ	Ⓐ Ⓑ ⌀ Ⓓ	Ⓐ Ⓑ ⊗ Ⓓ	Ⓐ Ⓑ ◕ Ⓓ

NAME (Print)

Section 3

1 Ⓐ Ⓑ Ⓒ Ⓓ	11 Ⓐ Ⓑ Ⓒ Ⓓ	21 Ⓐ Ⓑ Ⓒ Ⓓ	31 Ⓐ Ⓑ Ⓒ Ⓓ	41 Ⓐ Ⓑ Ⓒ Ⓓ
2 Ⓐ Ⓑ Ⓒ Ⓓ	12 Ⓐ Ⓑ Ⓒ Ⓓ	22 Ⓐ Ⓑ Ⓒ Ⓓ	32 Ⓐ Ⓑ Ⓒ Ⓓ	42 Ⓐ Ⓑ Ⓒ Ⓓ
3 Ⓐ Ⓑ Ⓒ Ⓓ	13 Ⓐ Ⓑ Ⓒ Ⓓ	23 Ⓐ Ⓑ Ⓒ Ⓓ	33 Ⓐ Ⓑ Ⓒ Ⓓ	43 Ⓐ Ⓑ Ⓒ Ⓓ
4 Ⓐ Ⓑ Ⓒ Ⓓ	14 Ⓐ Ⓑ Ⓒ Ⓓ	24 Ⓐ Ⓑ Ⓒ Ⓓ	34 Ⓐ Ⓑ Ⓒ Ⓓ	44 Ⓐ Ⓑ Ⓒ Ⓓ
5 Ⓐ Ⓑ Ⓒ Ⓓ	15 Ⓐ Ⓑ Ⓒ Ⓓ	25 Ⓐ Ⓑ Ⓒ Ⓓ	35 Ⓐ Ⓑ Ⓒ Ⓓ	45 Ⓐ Ⓑ Ⓒ Ⓓ
6 Ⓐ Ⓑ Ⓒ Ⓓ	16 Ⓐ Ⓑ Ⓒ Ⓓ	26 Ⓐ Ⓑ Ⓒ Ⓓ	36 Ⓐ Ⓑ Ⓒ Ⓓ	46 Ⓐ Ⓑ Ⓒ Ⓓ
7 Ⓐ Ⓑ Ⓒ Ⓓ	17 Ⓐ Ⓑ Ⓒ Ⓓ	27 Ⓐ Ⓑ Ⓒ Ⓓ	37 Ⓐ Ⓑ Ⓒ Ⓓ	47 Ⓐ Ⓑ Ⓒ Ⓓ
8 Ⓐ Ⓑ Ⓒ Ⓓ	18 Ⓐ Ⓑ Ⓒ Ⓓ	28 Ⓐ Ⓑ Ⓒ Ⓓ	38 Ⓐ Ⓑ Ⓒ Ⓓ	48 Ⓐ Ⓑ Ⓒ Ⓓ
9 Ⓐ Ⓑ Ⓒ Ⓓ	19 Ⓐ Ⓑ Ⓒ Ⓓ	29 Ⓐ Ⓑ Ⓒ Ⓓ	39 Ⓐ Ⓑ Ⓒ Ⓓ	49 Ⓐ Ⓑ Ⓒ Ⓓ
10 Ⓐ Ⓑ Ⓒ Ⓓ	20 Ⓐ Ⓑ Ⓒ Ⓓ	30 Ⓐ Ⓑ Ⓒ Ⓓ	40 Ⓐ Ⓑ Ⓒ Ⓓ	50 Ⓐ Ⓑ Ⓒ Ⓓ

FINAL TEST Answer Sheet

Be sure to blacken completely the circle that corresponds to your answer choice.
Completely erase errors or stray marks.

CORRECT	WRONG	WRONG	WRONG	WRONG
Ⓐ Ⓑ ● Ⓓ	Ⓐ Ⓑ Ⓒ̵ Ⓓ	Ⓐ Ⓑ ⌀ Ⓓ	Ⓐ Ⓑ ⊗ Ⓓ	Ⓐ Ⓑ ◕ Ⓓ

NAME (Print)

Section 3

1 Ⓐ Ⓑ Ⓒ Ⓓ	11 Ⓐ Ⓑ Ⓒ Ⓓ	21 Ⓐ Ⓑ Ⓒ Ⓓ	31 Ⓐ Ⓑ Ⓒ Ⓓ	41 Ⓐ Ⓑ Ⓒ Ⓓ
2 Ⓐ Ⓑ Ⓒ Ⓓ	12 Ⓐ Ⓑ Ⓒ Ⓓ	22 Ⓐ Ⓑ Ⓒ Ⓓ	32 Ⓐ Ⓑ Ⓒ Ⓓ	42 Ⓐ Ⓑ Ⓒ Ⓓ
3 Ⓐ Ⓑ Ⓒ Ⓓ	13 Ⓐ Ⓑ Ⓒ Ⓓ	23 Ⓐ Ⓑ Ⓒ Ⓓ	33 Ⓐ Ⓑ Ⓒ Ⓓ	43 Ⓐ Ⓑ Ⓒ Ⓓ
4 Ⓐ Ⓑ Ⓒ Ⓓ	14 Ⓐ Ⓑ Ⓒ Ⓓ	24 Ⓐ Ⓑ Ⓒ Ⓓ	34 Ⓐ Ⓑ Ⓒ Ⓓ	44 Ⓐ Ⓑ Ⓒ Ⓓ
5 Ⓐ Ⓑ Ⓒ Ⓓ	15 Ⓐ Ⓑ Ⓒ Ⓓ	25 Ⓐ Ⓑ Ⓒ Ⓓ	35 Ⓐ Ⓑ Ⓒ Ⓓ	45 Ⓐ Ⓑ Ⓒ Ⓓ
6 Ⓐ Ⓑ Ⓒ Ⓓ	16 Ⓐ Ⓑ Ⓒ Ⓓ	26 Ⓐ Ⓑ Ⓒ Ⓓ	36 Ⓐ Ⓑ Ⓒ Ⓓ	46 Ⓐ Ⓑ Ⓒ Ⓓ
7 Ⓐ Ⓑ Ⓒ Ⓓ	17 Ⓐ Ⓑ Ⓒ Ⓓ	27 Ⓐ Ⓑ Ⓒ Ⓓ	37 Ⓐ Ⓑ Ⓒ Ⓓ	47 Ⓐ Ⓑ Ⓒ Ⓓ
8 Ⓐ Ⓑ Ⓒ Ⓓ	18 Ⓐ Ⓑ Ⓒ Ⓓ	28 Ⓐ Ⓑ Ⓒ Ⓓ	38 Ⓐ Ⓑ Ⓒ Ⓓ	48 Ⓐ Ⓑ Ⓒ Ⓓ
9 Ⓐ Ⓑ Ⓒ Ⓓ	19 Ⓐ Ⓑ Ⓒ Ⓓ	29 Ⓐ Ⓑ Ⓒ Ⓓ	39 Ⓐ Ⓑ Ⓒ Ⓓ	49 Ⓐ Ⓑ Ⓒ Ⓓ
10 Ⓐ Ⓑ Ⓒ Ⓓ	20 Ⓐ Ⓑ Ⓒ Ⓓ	30 Ⓐ Ⓑ Ⓒ Ⓓ	40 Ⓐ Ⓑ Ⓒ Ⓓ	50 Ⓐ Ⓑ Ⓒ Ⓓ

著者プロフィール

田中真紀子（たなか　まきこ）

神田外語大学外国語学部英米語学科教授。上智大学卒業後、上智大学大学院よりMA（修士号）、カリフォルニア大学サンタバーバラ校よりMA（修士号）、同大学よりPh.D.（博士号）を取得。教育学博士。専門は教育学（英語教育、児童英語教育）、応用言語学。2009年放送のNHK教育テレビ『3カ月トピック英会話カリフォルニア縦断！シンプル会話術』で講師を務めた。著書に『聞いて覚える英単語キクタンTOEFL®TEST【頻出編】』（アルク）、『The Essential Guide to Academic Presentations』（マクミランランゲージハウス）、『英語のプレゼンテーション〈スキルアップ術〉』（研究社）などがある。

完全攻略！
TOEFL ITP®テスト
リーディング

発行日　2016年3月9日　初版発行
　　　　2023年11月6日　第3刷

解説：田中真紀子
問題作成：ICU TOEFL®テスト問題研究会、Owen Schaefer
編集：株式会社アルク 文教編集部
編集協力：株式会社群企画
英文校正：Peter Branscombe、Margaret Stalker
校正：小森里美
カバーデザイン：早坂美香（SHURIKEN Graphic）
本文デザイン：大村麻紀子
ナレーション：Howard Colefield、Carolyn Miller
録音・編集：ジェイルハウス・ミュージック
CD-ROMプレス：株式会社プロスコープ
DTP：朝日メディアインターナショナル株式会社
印刷・製本：シナノ印刷株式会社
発行者：天野智之
発行所：株式会社アルク
〒102-0073 東京都千代田区九段北4-2-6 市ヶ谷ビル
Website: https://www.alc.co.jp/

・落丁本、乱丁本は弊社にてお取り替えいたしております。webお問い合わせフォームにてご連絡ください。
　https://www.alc.co.jp/inquiry/
・本書の全部または一部の無断転載を禁じます。著作権法上で認められた場合を除いて、本書からのコピーを禁じます。
・定価はカバーに表示してあります。
・製品サポート：https://www.alc.co.jp/usersupport/
・本書は2006年5月に刊行された『TOEFL®テスト ITP リーディング完全攻略』を増補・改訂したものです。
・とくに断りのない限り、本書に掲載の情報は2016年1月現在のものです。

© 2016 Makiko TANAKA / The ICU test-writing group / ALC PRESS INC.
MAKIKO OMURA / JUN OSON
Printed in Japan.
PC: 7016011
ISBN: 978-4-7574-2670-2

地球人ネットワークを創る

アルクのシンボル
「地球人マーク」です。